AF819748

Formularbuch

für

Bayerische Notariate.

Von

Heinrich Zimmermann

Notariatspraktikant in München.

1910.

München und Berlin.

J. Schweitzer Verlag (Arthur Sellier).

Druck: Dr. F. P. Datterer & Cie., Freising u. München.

Vorwort.

Einige, den praktischen Bedürfnissen Rechnung tragende Beispiele für die am häufigsten vorkommenden notariellen Verträge und Erklärungen zu geben, wie sie sich nach dem nunmehr geltenden Reichsprivatrecht gestalten, ist der Zweck des vorliegenden Buches. Unter möglichster Anlehnung an den Sprachgebrauch des BGB. war der Verfasser bemüht, durch Kürze und Bestimmtheit im Ausdruck die Übersichtlichkeit der Protokolle zu erhöhen. Das Reichsrecht brachte namentlich auf dem Gebiete des Grundstücksrechtes einschneidende Neuerungen für das Urkundwesen; daher wurde den Protokollen, die die Tätigkeit des Grundbuchamtes in Anspruch nehmen, besondere Berücksichtigung zu teil. Namentlich den Anfängern im Notariatsdienste und den mit dem praktischen Grundbuchrechte weniger Vertrauten dürfte vorliegendes Formularbuch ein willkommenes Hilfsmittel sein.

München, im September 1910.

Der Verfasser.

Inhaltsverzeichnis.

1. Schuld- und Verpfändungsurkunde.

(Bestellung einer Buchhypothek.)

Heute am . . . . erschien vor mir Karl Winkler, K. Notar zu München, an der Amtsstelle des K. Notariats München III

Herr Adam Wacker, Kaufmann in München, nach seiner Angabe im gesetzlichen, aus dem Bayerischen Landrecht übergeleiteten Güterstande des BGB. lebend, mir, dem Notar, persönlich bekannt und ersuchte mich, die folgende Erklärung zu beurkunden:

Ich bekenne hiermit, daß ich dem Herrn Karl Bauer, Kaufmann in München, Alleininhaber der Firma „Bauers Erben, Baumaterialienhandlung in München" für ein mir gewährtes Darlehen die Summe von 1000 *M* — eintausend Mark — schulde; ich verpflichte mich, dieses Darlehen von heute angefangen mit jährlich 4 % — vier Prozent — (zahlbar je zur Hälfte am 1. April und am 1. Oktober jedes Jahres) zu verzinsen und ein halbes Jahr nach erfolgter Kündigung, die jederzeit freistehen soll, bar und kostenfrei zu bezahlen. Für dieses Darlehen und die Zinsenforderung bestelle ich dem genannten Gläubiger an meinem in der Steuergemeinde München gelegenen, im Grundbuche des K. Amtsgerichts München für Haidhausen Bd. 23, S. 247, Bl. 520 eingetragenen Grundstück Pl.-Nr. 16520 . . . (folgt Beschreibung) . . . . zu 0,123 ha nach Vorgang von 50000 *M* Bankkapital eine Hypothek; die Erteilung eines Hypothekenbriefes soll ausgeschlossen sein.

Ich unterwerfe mich wegen des Darlehens- und des Zinsenanspruchs der sofortigen Zwangsvollstreckung, und zwar auch in der Weise,[1]) daß die Zwangsvollstreckung aus der Urkunde

[1]) Die Aufnahme dieser allgemeinen Vollstreckungsklausel empfiehlt sich deswegen, weil sie auch die Vollstreckung in das übrige Vermögen des Schuldners ermöglicht, ferner weil aus der Schuldurkunde auch dann vollstreckt werden kann, wenn die Hypothek gelöscht ist, die Forderung aber noch besteht. In das Grundbuch wird natürlich nur die dingliche Vollstreckungsklausel eingetragen.

gegen den jeweiligen Eigentümer des Grundstücks zulässig sein soll. Ich trage die Kosten und ersuche, dem Gläubiger wegen der jeweils fälligen Zinsen vollstreckbare Ausfertigung dieser Urkunde zu erteilen.

Ich bewillige und beantrage, daß in das Grundbuch des K. Amtsgerichts München für Haidhausen Bd. 23, S. 247, Bl. 520 in Abt. III eingetragen wird:

„a) Hypothek ohne Brief für 1000 *M* Darlehen des Kaufmanns Karl Bauer in München, Alleininhaber der Firma „Bauers Erben, Baumaterialienhandlung in München," zu jährlich 4 % je zur Hälfte am 1. April und am 1. Oktober verzinslich und halbjährlich kündbar. Der jeweilige Eigentümer des Grundstücks ist der sofortigen Zwangsvollstreckung aus der Urkunde gemäß § 800 ZPO. unterworfen.

b) Vormerkung [1]) zur Sicherung des Anspruchs des Gläubigers der Hypothek zu 1000 *M* auf Löschung der ihr im Range vorgehenden Hypothek zu 50 000 *M*, falls sie sich ganz oder teilweise mit dem Eigentum in einer Person vereinigt."

Auf Bekanntgabe des Vollzugs durch das Grundbuchamt verzichte ich. Vermerkt wird, daß der Notar vor der Beurkundung das Grundbuch eingesehen hat.

Vorgelesen vom Notar, vom Erschienenen genehmigt und eigenhändig unterschrieben.

2. Schuld- und Verpfändungsurkunde.

(Bestellung einer Briefhypothek.)

Heute am . . . . erschienen vor mir Karl Winkler, K. Notar zu München, an der Amtsstelle des K. Notariats München III

Herr Franz und Frau Anna Binder, letztere eine geborene Mayr, Baumeistersehegatten in München, nach ihrer Angabe im gesetzlichen Güterstande des BGB. lebend, mir persönlich bekannt und ersuchten mich, folgendes zu beurkunden:

---

[1]) Die Bestellung der Vormerkung in die Schuldurkunde aufzunehmen ist überflüssig, wenn die Eintragungsbewilligung in Verbindung mit dem Schuldbekenntnis beurkundet wird.

Die Ehegatten Franz und Anna Binder bekennen hiermit, daß sie dem Herrn August Brücker, Fabrikant in München, ein Darlehen von — 10 000 *M* — zehntausend Mark schulden; sie verpflichten sich als Gesamtschuldner, dieses Darlehen von heute angefangen mit jährlich 4 % — vier Prozent — für das Jahr, fällig am 1. April jedes Jahres, zu verzinsen, und in zehn gleichen unmittelbar aufeinanderfolgenden Jahresraten von je 1000 *M* — eintausend Mark — zurückzuzahlen, die am 1. April jedes Jahres fällig werden. Für dieses Darlehen und die Zinsenforderung bestellen die Schuldner dem Gläubiger eine Hypothek an ihrem in der Steuergemeinde München gelegenen, im Grundbuche des K. Amtsgerichts München für Untersendling Bd. 15, S. 364, Bl. 517 vorgetragenen Grundstück Pl.-Nr. 10516 Bauplatz zu 0,342 ha an erster ausschließender Stelle. Zur Empfangnahme des Hypothekenbriefes für den Gläubiger wird der Notar ermächtigt.

Die Schuldner unterwerfen sich wegen des Darlehens und des Zinsenanspruchs der sofortigen Zwangsvollstreckung und zwar auch in der Weise, daß die Zwangsvollstreckung aus der Urkunde gegen den jeweiligen Eigentümer des Grundstücks zulässig sein soll. Franz Binder erteilt die eheherrliche Zustimmung und bewilligt die sofortige Zwangsvollstreckung in das gesamte eingebrachte Vermögen seiner Ehefrau.

Die Schuldner bewilligen und beantragen die Eintragung der oben bestellten Hypothek mit den Zins- und Zahlungsbestimmungen und der dinglichen Vollstreckungsklausel im Grundbuche; sie verzichten auf die Bekanntgabe des Vollzugs. Sie tragen die Kosten und beantragen, dem Gläubiger wegen der jeweils fälligen Zinsen und Raten vollstreckbare Ausfertigung dieser Urkunde zu erteilen. Vermerkt wird, daß der Notar vor der Beurkundung das Grundbuch eingesehen hat.

Vorgelesen 2c.

3. Schuldbekenntnis mit Hypothekbestellung.

Heute am . . . . erschien vor mir Karl Winkler, K. Notar zu München, an der Amtsstelle des K. Notariats München III

Herr Kaspar Bauer, Maurermeister in München, mir persönlich bekannt, nach seiner Angabe mit seiner Ehefrau im gesetzlichen Güterstande des BGB. lebend, und erklärte mit dem Ersuchen um Beurkundung:

I.

Ich habe meiner Ehefrau Emilie Bauer in München die eheherrliche Genehmigung dazu erteilt, in meinem Hause Nr. 14 an der Weiglstraße in München-Neuhausen selbständig ein Krämereigeschäft zu betreiben. Meine Ehefrau hat mit meinem Einverständnis zur Führung dieses Geschäfts von dem Kaufmann Hans Weinmann in München Waren bezogen und ist dafür 1520 *M* schuldig geworden. Diese 1520 *M* sind vereinbarungsgemäß vom 1. — ersten — Januar 1910 — neunzehnhundertzehn — an mit jährlich 5 % — fünf Prozent — zu verzinsen und nach halbjähriger, jederzeit zulässiger Kündigung bar zu bezahlen.

Ich erkläre mich nun für diese Schuld meiner Ehefrau in Haupt- und Nebensache als Gesamtschuldner haftbar und erkenne die vorstehenden Zins- und Zahlungsbestimmungen als auch für mich rechtsverbindlich an.

II.

Zur Sicherung der Forderung des Hans Weinmann zu 1520 *M* samt Zinsen bestelle ich dem Genannten eine Hypothek an meinem im Grundbuche des K. Amtsgerichts München für Schwabing Bd. . . ., S. . . . Bl. . . . eingetragenen Anwesen Haus-Nr. 17 an der Hohenzollernstraße, bestehend aus . . . (folgt Beschreibung) . . . an nächst offener Stelle. Die Erteilung eines Hypothekenbriefes soll ausgeschlossen sein.

Ich unterwerfe mich in Ansehung der Schuld in Haupt- und Nebensache der sofortigen Zwangsvollstreckung und zwar auch in der Weise, daß die Zwangsvollstreckung aus der Urkunde gegen den jeweiligen Eigentümer des Grundstücks zulässig sein soll. Insoferne etwa eine Verurteilung zur Duldung der Zwangsvollstreckung erforderlich wäre, bewillige ich die sofortige Zwangsvollstreckung in das gesamte eingebrachte Vermögen meiner Ehefrau.

III.

Ich bewillige und beantrage die Eintragung der Hypothek ohne Brief mit den oben angegebenen Zins- und Zahlungsbestimmungen und der dinglichen Vollstreckungsklausel im Grundbuche. Weiter beantrage ich, in der Vollzugsbestätigung die der hier bestellten Hypothek im Range gleichstehenden oder vorgehenden Rechte anzugeben.[1]) Auf die Bekanntgabe der Eintragungen im Grundbuche verzichte ich. Ich trage die Kosten und ersuche meinem Gläubiger wegen der jeweils fälligen Zinsen vollstreckbare Ausfertigung dieser Urkunde zu erteilen. Vermerkt wird, daß der Notar vor der Beurkundung das Grundbuch eingesehen hat.

Vorgelesen 2c.

4. Sicherheitsverstärkung.

Heute am . . . . erschienen vor mir Christian Sturm, K. Notar zu Mühldorf, an der Amtsstelle des K. Notariats Mühldorf

Herr Karl und Frau Therese Kohler, Malermeistersehegatten in Mühldorf, im gesetzlichen Güterstande des BGB. lebend, beide mir, dem Notar, persönlich bekannt und ersuchten mich, folgendes zu beurkunden:

Karl Kohler ist zur Hälfte Eigentümer des im Grundbuche des K. Amtsgerichts Mühldorf für Mühldorf Bd. 6, S. 213, Bl. 177 vorgetragenen Grundstücks Pl.-Nr. 915, Wiese zu 0,674 ha. Auf diesem Anteil ist für den Wagnermeister Anton Groß in Mühldorf eine Sicherungshypothek zu 1 500 *M* für eine Warenlieferungsforderung zwangsweise eingetragen worden. Für die gesicherte Forderung zu 1 500 *M* erklärt sich Frau Therese Kohler als Gesamtschuldnerin haftbar; sie bestellt Sicherungshypothek an dem ihr zustehenden Hälfteanteil an Pl.-Nr. 915 an erster Rangstelle.

Frau Therese Kohler bewilligt und beantragt die Eintragung dieser Sicherungshypothek im Grundbuche und verzichtet auf Bekanntgabe des Vollzugs.

Herr Karl Kohler erteilt die eheherrliche Zustimmung und bewilligt die sofortige Zwangsvollstreckung in das gesamte eingebrachte Vermögen seiner Ehefrau.

---

[1]) Dies ist hier deswegen angebracht, weil der Rang der bestellten Hypothek aus der Urkunde nicht ersichtlich ist.

Die Eheleute Kohler tragen die Kosten der Beurkundung und ersuchen dem Herrn Anton Groß Ausfertigung dieser Urkunde zu erteilen. Vermerkt wird, daß der Notar vor der Beurkundung das Grundbuch eingesehen hat.

Vorgelesen 2c.

5. Ersatz einer Hypothekforderung durch eine andere.

(§ 1180 BGB.)

Heute am . . . . erschienen vor mir Eduard Neu, K. Notar zu Schwabmünchen, an der Amtsstelle des K. Notariats Schwabmünchen

1. Herr Ludwig Voit, Schreinermeister in Schwabmünchen, nach seiner Angabe im gesetzlichen Güterstande des BGB. lebend,
2. Herr Josef Kreuzle, Privatier in Schwabmünchen, gleichfalls im gesetzlichen Güterstande des BGB. lebend,

beide mir, dem Notar, persönlich bekannt und ersuchten mich um folgende Beurkundung:

I.

Herr Ludwig Voit ist Eigentümer des im Grundbuche des K. Amtsgerichts Schwabmünchen für Schwabmünchen Bd. 3, S. 411, Bl. 576 eingetragenen Grundstücks der Steuergemeinde Schwabmünchen Pl.-Nr. 1143, Acker zu 0,983 ha. Unter Ziff. 12/V der III. Abt. ist auf diesem Grundstück für Josef Kreuzle eine Briefhypothek für ein 4%iges Darlehen zu 600 *M* eingetragen.

II.

Ludwig Voit bekennt hiermit, daß er dem Herrn Josef Kreuzle ein Darlehen zu 600 *M* schuldet und verpflichtet sich, es vom 1. — ersten — Januar 1910 — neunzehnhundertzehn — an mit jährlich 4% — vier vom Hundert — zu verzinsen und nach einvierteljähriger Kündigung bar zu bezahlen.

III.

Vereinbarungsgemäß ersetzen hiermit die Erschienenen die durch die Hypothek gesicherte Forderung durch die unter Ziff. II einbekannte Darlehensforderung in Haupt- und Nebensache; der Schuldner unterwirft sich wegen dieser Forderung in Haupt- und Nebensache der sofortigen Zwangsvollstreckung und zwar auch in der Weise, daß die Zwangsvollstreckung aus der Urkunde gegen den jeweiligen Eigentümer des Grundstücks zulässig sein soll.

IV.

Die Vertragsteile bewilligen und beantragen, die Verbindung der Hypothek mit der neuen Forderung und die dingliche Vollstreckungsklausel im Grundbuche einzutragen. Sie verzichten auf die Bekanntgabe des Vollzugs. Das Grundbuchamt wird ermächtigt, den mitvorgelegten Hypothekenbrief dem K. Notariate Schwabmünchen auszuhändigen.

Ludwig Voit trägt die Kosten und ersucht, dem Gläubiger Ausfertigung dieser Urkunde zu erteilen. Vermerkt wird, daß der Notar vor der Beurkundung das Grundbuch eingesehen hat.

Vorgelesen ꝛc.

6. Umwandlung von Buch- in Briefhypotheken.

(§ 1116 BGB.)

Heute am . . . . erschienen vor mir, Fritz Weber, K. Notar zu München, an der Amtsstelle des K. Notariats München IV

1. Herr Franz Lang, Privatier in München, verwitwet,
2. Herr Martin Krauß, Architekt in München, nach seiner Angabe im gesetzlichen Güterstande des BGB. lebend,

beide mir persönlich bekannt und ersuchten mich, folgendes zu beurkunden:

Für Franz Lang sind im Grundbuch des K. Amtsgerichts München für Schwabing Bd. 39, S. 12, Bl. 73 an dem Anwesen Haus-Nr. 3 an der Hohenzollernstraße, Eigentum des Architekten Martin Krauß dahier, nach Vorgang von 150000 *M* Bankkapital folgende Hypotheken eingetragen:

a) unter Nr. 40/XII: 50000 *M* Darlehen,
b) unter Nr. 60/XV: 15000 *M* Kaufpreisrest, je mit 3 % Zinsen. Die Erteilung eines Hypothekenbriefes ist bei beiden Hypotheken ausgeschlossen.

Die Erschienenen vereinbaren unter Aufrechterhaltung aller übrigen Bestimmungen, daß für beide Hypotheken nachträglich je ein Hypothekenbrief erteilt werden soll; sie beantragen unter Verzicht auf Bekanntgabe des Vollzugs, daß diese Vereinbarung bei den Hypotheken in das Grundbuch eingetragen wird. Die Hypothekenbriefe sollen dem K. Notariate München IV zur Aushändigung an den Gläubiger übergeben werden.

Der Schuldner trägt die Kosten und ersucht den Gläubiger, Ausfertigung dieser Urkunde zu erteilen. Vermerkt wird, daß der Notar vor der Beurkundung das Grundbuch eingesehen hat.

Vorgelesen 2c.

7. Abtretung einer Briefhypothek.

(Mit Unterschriftsbeglaubigung.)

Für die Grundverwertungsgesellschaft Perlach, Aktiengesellschaft in München, ist im Grundbuch des K. Amtsgerichts München für Giesing Bd. 21, S. 231, Bl. 721 an dem Grundstück der Steuergemeinde München Pl.-Nr. . . . . . . im Eigentum des Baumeisters Alois Frank in München nach 140 000 *M* Bankkapital eine Briefhypothek für 20 000 *M* Darlehen mit Zinsen zu $4^1/_2$ % vom 1. März 1909 an eingetragen. Das Kapital ist vierteljährlich kündbar.

Die Grundverwertungsgesellschaft Perlach, vertreten durch den Unterfertigten, tritt die Hypothekforderung zu 20 000 *M* mit den Zinsen seit 1. August dieses Jahres und allen Rechten an Herrn Benno Diener, Kaufmann in München, ab. Sie haftet nur für den Bestand, nicht aber für Güte und Einbringlichkeit der Forderung.[1])

Unter Übergabe des Hypothekenbriefes stellt der Unterzeichnete namens der Grundverwertungsgesellschaft Perlach an das Grundbuchamt den Antrag, die Abtretung in das Grundbuch einzuschreiben und verzichtet auf die Bekanntgabe des Vollzugs.

---

[1]) Wird für Güte und Einbringlichkeit gehaftet, so ist anzugeben, auf welche Zeit die Haftung übernommen wird, also z. B. „sie haftet für Güte und Einbringlichkeit ohne Beschränkung der Zeit" oder „sie haftet für Güte und Einbringlichkeit bis zum Tage der Fälligkeit."

Der mitvorgelegte Hypothekenbrief soll dem K. Notariate München III zur Aushändigung an den neuen Gläubiger übergeben werden.

Der Ablösungspreis ist durch Barzahlung beglichen worden. Die abtretende Aktiengesellschaft trägt die Kosten. Diese Erklärung soll in Urschrift dem neuen Gläubiger ausgehändigt werden; zu den Grundbuchsanlagen ist eine beglaubigte Abschrift zu fertigen.

München, den

(Folgt die Unterschrift).

Gesch.-Reg. Nr. 718. Die Echtheit der vorstehenden Unterschrift des Herrn Max Jung, Kaufmanns in München, beglaubige ich unter der amtlichen Feststellung, daß

a) nach dem Handelsregister des K. Amtsgerichts München, das ich eingesehen habe und auf das ich Bezug nehme, Herr Max Jung als einziges Vorstandsmitglied der Grundverwertungsgesellschaft Perlach, Aktiengesellschaft in München, zu deren alleinigen Vertretung und Zeichnung befugt ist,

b) der Hypothekenbrief mir zur Einsicht vorgelegt worden ist.

München am . . . .

K. Notariat München III.

(Folgt Unterschrift des Notars.)

8. Abtretung des Teiles einer Briefhypothek.

(Mit Unterschriftsbeglaubigung.)

I.

An dem Anwesen Haus-Nr. 4 an der Münchnerstraße in R., im Eigentum der Privatiere Marie Huber in R. ist für den Rentner Karl Neff in R. im Grundbuche des K. Amtsgerichts R. für R. Bd. 11, S. 17, Bl. 325 in Abt. III unter Ziff. 7/V eine mit 5% verzinsliche und halbjährlich kündbare Darlehensbriefhypothek zu 56 000 *M* eingetragen.

Diese Forderung ist abgeteilt in 36 Teilbeträge zu je 1000 *M* und 10 Teilbeträge zu je 2000 *M* und es wurden 45 Teilhypothekenbriefe hergestellt.

II.

Unter Vorlegung der Hypothekenbriefe beantragt zunächst Karl Neff an Stelle der bisherigen 46 Teilhypothekenbriefe einen einzigen neuen Hypothekenbrief über 56 000 *M* zu erteilen.

III.

Sodann überträgt Karl Neff von der Hypothekforderung zu 56 000 *M* den Teilbetrag von 51 000 *M* (m. W.) mit allen Rechten, Ansprüchen und Vorzügen, insbesondere mit dem Hypothekrechte und dem Rechte aus den nach § 1179 BGB. eingetragenen Vormerkungen, mit dem Anspruch auf die seit dem 1. Januar 1910 laufenden Zinsen im Vorrange vor dem ihm verbleibenden Hypothekrechte zu 5000 *M* auf Herrn Ludwig Karmann, Privatier in München; er haftet nur für den Bestand der Forderung.

Karl Neff bewilligt und beantragt, die Abtretung und das Rangverhältnis im Grundbuche einzutragen; er verzichtet auf Bekanntgabe des Vollzugs. Er ersucht, für die abgetretenen 51 000 *M* einen Teilhypothekenbrief auszustellen. Zur Empfangnahme der Hypothekenbriefe wird das K. Notariat R. ermächtigt. Karl Neff trägt die Kosten, dem Ludwig Karmann ist beglaubigte Abschrift zu erteilen.

R., den 11. April 1910.

Karl Neff.
(Unterschriftsbeglaubigung.)

9. Abtretung einer Eigentümergrundschuld.

Für Fritz Baier ist

1. an dem Anwesen Haus-Nr. 7 an der Römerstraße in München im Grundbuche des K. Amtsgerichts München für Schwabing Bd. . . . in Abt. III unter Nr. 6/III nach 50 000 *M* Bankkapital
2. an dem Grundstück der Steuergemeinde Milbertshofen Pl.-Nr. 137 im Grundbuche des nämlichen Gerichts für Milbertshofen Bd. . . . an erster Stelle

eine Gesamthöchstbetragshypothek zu 175 000 *M* nebst 6000 *M* Sicherungshypothek für Nebenansprüche eingetragen.

Einen Teilbetrag dieser Hypothek zu 75000 *M* und der Unterkaution zu 6000 *M* wurde der Vorrang vor dem Rechte zu 100000 *M* eingeräumt.

Fritz Baier hat auf den Rest der Hypothek zu 100000 *M* verzichtet und die Eintragung dieses Verzichts im Grundbuch bewilligt und beantragt.

Ich, **Karl Schnell**, als der Eigentümer, bewillige und beantrage, diese Hypothek zu 100000 *M* auf mich als Grundschuld im Grundbuche umzuschreiben.

Sodann übertrage ich diese Grundschuld auf Herrn Max Daimer, Ingenieur in München, indem ich sie gleichzeitig in eine Sicherungshypothek bis zum Höchstbetrage von 100000 *M* umwandle, die zur Sicherung aller Ansprüche dienen soll, welche Max Daimer aus einem mir gewährten Kredit schon erlangt hat und künftig noch erlangen wird, sie mögen die Hauptsache betreffen oder sich auf Nebenforderungen beziehen.

Ich bewillige und beantrage die Eintragung dieser Abtretung und der Umwandlung im Grundbuche und verzichte auf die Bekanntgabe des Vollzugs.

(Datum, Unterschrift mit Beglaubigung.)

10. Abtretung einer Grundschuld und Umwandlung in eine Hypothek.

Heute am . . . . erschien vor mir Fritz Weber, K. Notar zu München, an der Amtsstelle des K. Notariats München IV

Herr Martin Kraus, Baumeister in München, ledig, volljährig, mir persönlich bekannt und ersuchte mich, folgende Erklärung zu beurkunden:

Für mich, Martin Kraus, ist an meinem in der Steuergemeinde M gelegenen Grundstück Pl.-Nr. 1240, Bauplatz zu 0,071 ha im Grundbuche des K. Amtsgerichts München für M . . . . Band . . . . in Abt. III unter Nr. 10/V eine unverzinsliche, am 1. Juli 1912 zahlbare Eigentümergrundschuld ohne Brief zu 2000 *M* eingetragen.

Diese Grundschuld wandle ich hiermit in eine Hypothek um, für welche die Erteilung eines Briefes ausgeschlossen ist, und übertrage sie auf Herrn Eugen Braun, Kaufmann in München;

sie soll mit einer unverzinslichen, am 1. Juli 1912 (m. W.) zahlbaren Entschädigungssumme zu 2000 *M* (m. W.) verbunden werden. Ich bewillige und beantrage die Eintragung dieser Abtretung und der Rechtsänderung im Grundbuche und verzichte auf Mitteilung des Vollzugs. Ich unterwerfe mich wegen dieser Entschädigungssumme ausdrücklich der sofortigen Zwangsvollstreckung und zwar auch in der Weise, daß die Zwangsvollstreckung aus der Urkunde gegen den jeweiligen Eigentümer des Grundstücks zulässig ist. Ich beantrage auch die dingliche Zwangsvollstreckungsklausel im Grundbuche einzutragen und verzichte auf Bekanntgabe des Vollzugs.

Ich trage die Kosten und ersuche, dem Herrn Eugen Braun Ausfertigung dieser Urkunde zu erteilen. Vermerkt wird, daß der Notar vor der Beurkundung das Grundbuch eingesehen hat.

Vorgelesen ꝛc.

11. Schuldbekenntnis mit Abtretung einer Grundschuld.

Heute den . . . . erschien vor mir Fritz Weber, K. Notar zu München, an der Amtsstelle des K. Notariats München IV

Herr Karl Vogel, Gastwirt in München, ledig, volljährig, mir persönlich bekannt und ersuchte mich, folgende Erklärung zu beurkunden.

I.

An meinem im Grundbuche des K. Amtsgerichts München für die Isarvorstadt Bd. 36, S. 111, Bl. 596 eingetragenen Anwesen ... (folgt Beschreibung) ... ist in Abt. III unter Ziff. 6/IV für Herrn Karl Bauer, Rentier in München, eine Buchhypothek zu 109 400 *M* eingetragen; der Gläubiger hat wegen durch mich erfolgter Bezahlung die Löschung eines Teilbetrags zu 5000 *M* bewilligt; dadurch ist für mich eine Eigentümergrundschuld im Betrage von 5000 *M* im Range nach dem Reste zu 104 400 *M* entstanden.

II.

Ich bekenne hiermit, daß ich dem Herrn Rudolf Schwab, Brauereibesitzer in Giesing, ein Darlehen zu 5000 *M* schulde und verpflichte mich, dieses Darlehen vom 1. April 1910

(m. W.) an mit jährlich 4 % zu verzinsen und ein Vierteljahr nach Kündigung bar und kostenfrei zu bezahlen.

III.

Die Grundschuld zu 5000 *M* trete ich hiermit an Rudolf Schwab ab und wandle sie zugleich um in eine Hypothek ohne Brief für das Darlehen zu 5000 *M* samt Zinsen.

IV.

Für den Fall der Zahlungssaumsal in Ansehung des Darlehens oder der Zinsen unterwerfe ich mich der sofortigen Zwangsvollstreckung und zwar auch in der Weise, daß die Zwangsvollstreckung aus der Urkunde gegen den jeweiligen Eigentümer des Grundstücks zulässig ist.

V.

Ich bewillige und beantrage die Eintragung der Abtretung, der Hypothekumwandlung und der dinglichen Vollstreckungsklausel im Grundbuch und verzichte auf Bekanntgabe des Vollzugs; ich trage die Kosten und ersuche, dem Herrn Rudolf Schwab wegen der jeweils fälligen Zinsen vollstreckbare Ausfertigung dieser Urkunde zu erteilen. Vermerkt wird, daß der Notar vor der Beurkundung das Grundbuch eingesehen hat.

Vorgelesen ꝛc.

12. Verpfändung einer Briefhypothek.

(Mit Unterschriftsbeglaubigung.)

Für mich, den unterzeichneten C. M., ist im Grundbuche des K. Amtsgerichts München für Schwabing Bd. . . . . an dem dort eingetragenen Grundstück Pl.-Nr. . . . . im Eigentum des L. K. in Abt. III Ziff. 2/II eingetragen:

112 000 *M* Briefhypothek mit jährlichen, je zur Hälfte am 15. April und am 15. Oktober jedes Jahres zahlbaren Zinsen zu 4 % für ein 3 Monate nach Kündigung zahlbares Darlehen. Dieser Hypothek gehen keine Rechte im Range vor.

Von dieser Hypothek zu 112 000 *M* verpfände ich hierdurch den Teilbetrag von 23 000 *M* mit einem entsprechenden Teile des Zinsenanspruchs zugunsten eines Guthabens, das ich der Firma Leux & Co., offene Handelsgesellschaft in München, schulde. Dem verpfändeten Teile räume ich den Vorrang vor dem Reste ein. Unter Übergabe des Hypothekenbriefes stelle ich an das Grundbuchamt den Antrag, die Verpfändung und die Einräumung des Vorrangs in das Grundbuch einzutragen und dem Pfandgläubiger einen Teilhypothekenbrief über den verpfändeten Teil auszustellen.

Zur Empfangnahme der Hypothekenbriefe wird das K. Notariat . . . . . ermächtigt.

Die Urschrift dieser Erklärung soll dem Pfandgläubiger ausgehändigt werden, zu den Grundbuchsanlagen ist eine beglaubigte Abschrift zu fertigen. Ich trage die Kosten und verzichte auf Bekanntgabe des Vollzugs durch das Grundbuchamt.

München, den . . . .

13. Löschungsbewilligung, Abänderung von Zins- und Zahlungsbestimmungen.

Heute am . . . . erschienen vor mir, Fritz Weber, K. Notar zu München, an der Amtsstelle des K. Notariats München IV

1. Herr Siegfried Mann, Rentner in München,
2. Herr Jakob und Frau Anna Korbmeier, Baumeistersehegatten in München, kraft Ehevertrags in allgemeiner Gütergemeinschaft lebend,

alle mir, dem Notar, persönlich bekannt, und ersuchten mich, folgende Erklärungen zu beurkunden.

I.

Im Grundbuche des K. Amtsgerichts München für Schwabing Bd. 47, S. 117, Bl. 1204 sind an dem Grundstück Pl.-Nr. 673, im Eigentum der Baumeistersehegatten Jakob und Anna Korbmeier, für Herrn Siegfried Mann folgende Hypotheken und Grundschulden eingetragen:

a) unter 8/VI eine Buchhypothek für einen Kaufpreisrest zu 12 950 *M*,
b) unter 6/V eine Briefhypothek für ein Darlehen zu 65 000 *M*,
c) unter 14/X eine Briefhypothek für ein Darlehen zu 6000 *M*,
d) unter 20/XI eine Briefgrundschuld zu 15 000 *M*.

Siegfried Mann bewilligt und beantragt die Löschung

a) der Hypotheken zu 12 950 *M* und 6000 *M* sowie der Grundschuld zu 15 000 *M*,

b) eines Teilbetrages von 15 000 *M* von der unter b genannten Briefhypothek zu 65 000 *M*.

II.

Hiernach bleibt in Abt. III unter Ziff. 6/V eine Restbriefhypothek zu 50 000 *M* bestehen. Die Vertragsteile heben die bisherigen Zins- und Zahlungsbestimmungen auf und vereinbaren folgendes:

Die Schuldner verpflichten sich als Gesamtschuldner die Restbriefhypothek zu 50 000 *M* von heute an zum Reichslombardsatz, mindestens aber zu 5 % jährlich, in vierteljährlichen Raten zu verzinsen, die je am ersten Tage des Kalendervierteljahrs fällig werden sollen. Die Kündigung durch den Gläubiger soll fünf Jahre lang von heute an ausgeschlossen sein, falls die Zinsen stets innerhalb 14 Tagen nach Fälligkeit gezahlt werden. Die Kündigung durch die Schuldner ist jederzeit zulässig. Ein Vierteljahr nach der Kündigung ist das Kapital bar und kostenfrei zu zahlen.

III.

Die Schuldner unterwerfen sich der sofortigen Zwangsvollstreckung, und zwar auch in der Weise, daß die Zwangsvollstreckung aus der Urkunde gegen den jeweiligen Eigentümer des Grundstücks zulässig sein soll.

Jakob Korbmeier erteilt zu dem gesamten Inhalt des Vertrages die eheherrliche Zustimmung und bewilligt die sofortige Zwangsvollstreckung in das gesamte eingebrachte Vermögen seiner Gattin.

IV.

Den Löschungsbewilligungen des Gläubigers stimmen die Ehegatten Korbmeier zu.

Die Vertragsteile bewilligen und beantragen die Eintragung der neuen Zins- und Zahlungsbestimmungen und der dinglichen Vollstreckungsklausel im Grundbuche, mit der Maßgabe, daß nur ein Zinsfuß von 5 % eingetragen werden soll.[1]) Zur Empfangnahme des abzuändernden Hypothekenbriefes über die Resthypothek wird das K. Notariat . . . . ermächtigt.

Auf Bekanntgabe des Vollzuges durch das Grundbuchamt wird verzichtet, die Schuldner tragen die Kosten, der Gläubiger erhält Ausfertigung dieser Urkunde. Vermerkt wird, daß der Notar vor der Beurkundung das Grundbuch eingesehen hat.

Vorgelesen 2c.

14. Uebertragung einer Hypothek.

Heute am . . . . erschienen vor mir Fritz Weber, K. Notar zu München, an der Amtsstelle des K. Notariats München IV

1. Herr Christian Weiß, Maurermeister in Regensburg, nach seiner Angabe im gesetzlichen Güterstande des BGB. lebend,
2. Herr Friedrich Schuler, Baumeister in Regensburg, ledig, volljährig,

beide mir, den Notar, persönlich bekannt und ersuchten mich, folgendes zu beurkunden:

Im Grundbuche des K. Amtsgerichts Regensburg für . . . . ist an dem Grundstück Pl.-Nr. 2528 des Christian Weiß für den Baumeister Friedrich Schuler eine Hypothek ohne Brief für ein Darlehen zu 4000 *M* eingetragen. Letzteres ist mit jährlich $4^1/_2\,\%$ in vierteljährigen Teilbeträgen zu verzinsen, die je am 1. April, 1. Juli, 1. Oktober und 1. Januar fällig werden; es ist ein Vierteljahr nach Kündigung zahlbar.

Christian Weiß überträgt nun mit Zustimmung des Friedrich Schuler diese Hypothek zu 4000 *M* samt Zinsen auf sein in der Steuergemeinde R. liegendes, im Grundbuche des K. Amtsgerichts Regensburg für . . . . eingetragenes Grundstück Pl.-Nr. 1873; er unterwirft sonach dieses Grundstück der Hypothek zu 4000 *M* samt den Nebenansprüchen. Christian Weiß unterwirft sich der sofortigen

[1]) Die Eintragung des Lombardzinssatzes im Grundbuche ist unzulässig.

Zwangsvollstreckung in der Weise, daß die Zwangsvollstreckung aus der Urkunde gegen den jeweiligen Eigentümer der Pl.-Nr. 1873 der Steuergemeinde R. zulässig ist. Die Hypothek zu 4000 *M* soll auf diesem Grundstück den II. Rang nach 17 000 *M* Bankkapital haben.

Christian Weiß bewilligt und beantragt, daß die Hypothek in Haupt- und Nebensache, mit dem gleichen Wortlaute so wie sie bisher auf Pl.-Nr. 2528 eingeschrieben war, auf dem für Pl.-Nr. 1873 bestehenden Grundbuchblatt eingetragen wird.

Friedrich Schuler, der sich mit allen Erklärungen des Schuldners einverstanden erklärt, bewilligt und beantragt die Löschung der bisher auf Pl.-Nr. 2528 der Steuergemeinde .... eingetragenen Hypothek zu 4000 *M* im Grundbuche; Christian Weiß stimmt als Eigentümer und Schuldner zu. Letzterer trägt die Kosten, der Gläubiger erhält eine Ausfertigung dieser Urkunde.

Auf Bekanntgabe des Vollzuges verzichten die Vertragsteile. Vermerkt wird, daß der Notar vor der Beurkundung das Grundbuch eingesehen hat.

Vorgelesen ꝛc.

15. Teilung einer Hypothek.

(Mit Unterschriftsbeglaubigung.)

Für die Pfälzische Hypothekenbank in Ludwigshafen a. Rh. ist an dem Grundstück der Steuergemeinde Pasing Pl.-Nr. 390 Bauplatz zu 1,022 ha im Grundbuch des K. Amtsgerichts München für Pasing Bd. 18, S. 376, Bl. 1869 eine Darlehensbuchhypothek zu 20 000 *M* mit 2000 *M* Sicherungshypothek für Nebenansprüche eingetragen. Der Eigentümer Georg Schießl, Kaufmann in München, hat aus diesem Grundstück die nach Messungsverzeichnis der Steuergemeinde Pasing Nr. 119/1908 neugebildete Pl.-Nr. 390 1/3 Bauplatz zu 0,561 ha an den Baumeister Franz Hein in München veräußert. Die Herrn Georg Schießl verbliebene Fläche ist als Pl.-Nr. 390 1/2, Bauplatz zu 0,461 ha beschrieben. Von der Hypothek zu 20 000 *M* hat Franz Hein den Teilbetrag zu 10 000 *M* als persönlicher Schuldner unter Anerkennung von

1000 *M* der Sicherungshypothek für die Nebenansprüche übernommen. Die Pfälzische Hypothekenbank, vertreten durch den Unterfertigten, teilt nun obige Hypotheken zu 20000/2000 *M* in der Weise ab, daß je ein Teilbetrag von 10000/1000 *M* auf Pl.-Nr. 390 1/2 und auf 390 1/3 je an erster Stelle zu stehen kommt. Sie bewilligt und beantragt demgemäß die Anlegung eines neuen Grundbuchblattes für Pl.-Nr. 390 1/3 und die Übertragung des Teilbetrages zu 10000/1000 *M* aus der Hypothek zu 20000/2000 *M* mit den bisherigen Zins- und Zahlungsbestimmungen auf dieses Grundstück; im übrigen soll es hypothekfrei vom bisherigen Grundbuchblatt abgeschrieben . . ein Teilbetrag zu 10000/1000 *M* von den Hypotheken zu 20000/2000 *M* soll auf Pl.-Nr. 390 1/2 (neu) gelöscht werden.

Die Grundstückseigentümer Schießl und Hein stimmen[1]) der Teilung und der Löschung des Teilbetrages zu 10000/1000 *M* an der Hypothek zu 20000/2000 *M* auf Pl.-Nr. 390 1/2 (neu) zu.

Auf Bekanntgabe des Vollzuges durch das Grundbuchamt wird allseits verzichtet.

München, den . . . .

(Unterschriftsbeglaubigung.)

16. Teilung einer Hypothek.

Die Bayerische Handelsbank, Aktiengesellschaft in München, vertreten durch den Unterfertigten, ist Hypothekgläubigerin an Grundbesitzungen der Grundverwertungsgesellschaft Perlach, Aktiengesellschaft in München, eingetragen im Grundbuche des K. Amtsgerichts München für . . . . Sie bewilligt und beantragt, daß von diesem Grundbesitz das an den Baumeister Anton Weigl dahier veräußerte Grundstück der Steuergemeinde München Pl.-Nr. 4888, Bauplatz zu 0,150 ha auf ein eigenes Grundbuchblatt übertragen wird. Gleichzeitig soll ein Teilbetrag von 18000 *M* aus dem für die Bayerische Handelsbank an dem Besitztum eingetragenen Dar-

---

[1]) Die Hypothekteilung kann der Gläubiger selbständig vornehmen, jedoch ist zur Löschung der abgeteilten Beträge auf den für sie nicht mehr haftenden Grundstücken gemäß § 27 GBO. die Zustimmung des Eigentümers erforderlich.

lehenskapital zu 100 000 *M* mit übertragen werden; er soll mit der Hypothek an den übrigen Grundstücken eine Gesamthypothek bilden. Alle übrigen, an dem Grundstück Pl.-Nr. 4888 für die Bayerische Handelsbank eingetragenen Ansprüche und Rechte sollen gelöscht werden. Die Bank entläßt das Grundstück insoweit aus dem Pfandverband.

17. Bestellung einer Sicherungshypothek für Schuldverschreibungen auf den Inhaber.

Heute am . . . . erschien vor mir Fritz Weber, K. Notar zu München, an der Amtsstelle des K. Notariats München III

Herr Kurt Mielinger, Direktor der Aktiengesellschaft Aktienbrauerei Sendling in München, als deren Vertreter. Herr Mielinger ist nach dem Handelsregister des K. Amtsgerichts München, das ich eingesehen habe und auf das ich verweise, allein vertretungs- und zeichnungsberechtigter Vorstand der Gesellschaft; er ist mir persönlich bekannt. Er ersuchte mich, folgendes zu beurkunden.

I.

Die Aktienbrauerei Sendling, Aktiengesellschaft in München hat ein Darlehen in Höhe von 1 000 000 *M* (m. W.) aufgenommen, für das sie mit staatlicher Genehmigung 1000 Teilschuldverschreibungen auf den Inhaber ausgegeben hat. Diese Teilschuldverschreibungen sind fortlaufend mit 1 bis 1000 numeriert.

II.

Das Darlehen ist vom 1. Januar 1910 (m. W.) an mit jährlich $4^1/_2$ % in halbjährigen Raten verzinslich, die am 1. Januar und 1. Juli jedes Jahres fällig werden.

Jeder Schuldverschreibung werden zwanzig halbjährige Zinsscheine und ein Erneuerungsschein beigegeben. Die Abgabe einer weiteren Serie von Zinsscheinen und eines weiteren Erneuerungsscheines erfolgt gegen Einreichung des zuletzt ausgegebenen Erneuerungsscheines. Dabei ist auf Verlangen der Gesellschaft die Schuldverschreibung vorzuzeigen.

Die Zinsscheine werden bei Verfall gegen Rückgabe bei der Kasse der Gesellschaft in München und bei den sonstigen von ihr bestimmten Zahlungsstellen eingelöst.

Die Verzinsung der Schuldverschreibungen hört an dem Tage auf, an dem sie nach den Bestimmungen unter Ziff. III fällig werden.

III.

Die Rückzahlung der Schuldverschreibungen erfolgt zum Kurse von 103, also mit 1030 *M* für das Stück innerhalb 25 Jahren, beginnend vom 1. Januar 1913 (m. W.) an, und zwar durch Einlösung von je 40 (m. W.) Stück in jedem Jahr. Die Schuldverschreibungen, die hiernach in jedem Jahre zur Tilgung am ersten Januar bestimmt sind, werden alljährlich im August durch eine von einem Notare zu leitende Verlosung bestimmt; sie sind durch einmalige Bekanntmachung in den für die Bekanntmachungen der Gesellschaft bestimmten Blättern zu veröffentlichen.

Die Rückzahlung der ausgelosten Schuldverschreibungen erfolgt nur gegen Auslieferung an den genannten Zahlstellen. Beträge, die innerhalb sechs Monaten nach der Fälligkeit nicht abgehoben werden, können auf Gefahr und Kosten der Gläubiger gerichtlich hinterlegt werden. Die Hinterlegung gilt als Tilgung.

Mit den ausgelosten Schuldverschreibungen müssen zugleich die dazu gehörenden Zinsscheine eingeliefert werden, widrigenfalls der auszuzahlende Kapitalbetrag um den Betrag der fehlenden Zinsscheine gekürzt wird.

IV.

Als Vertreter der Gläubiger wird Herr Simon Kirchner, Kaufmann in München, bestellt. Er ist befugt, mit Wirkung für und gegen jeden späteren Gläubiger alle zur Wahrung und Aufgabe der Hypothek nötigen Verfügungen sowie auch solche Verfügungen zu treffen, welche der Eigentümer vom Gläubiger verlangen kann; insbesondere darf er Zustellungen in Empfang nehmen, die jeweiligen Gläubiger bei der Geltendmachung der Hypothek in jeder Beziehung vertreten, die ganze oder teilweise Löschung der Hypothek beantragen und vorkommendenfalls in die teilweise Entlassung der Pfandobjekte einwilligen. Die Zustimmung zur Pfandentlassung darf nicht versagt werden, wenn die von Sachverständigen festzusetzende Taxe ganz zur Abtragung der Schuld verwendet und die Verwendung gegenüber dem Treuhänder gesichert wird. Der Treuhänder und der Schuldner ernennen je einen Sachverständigen, diese beiden einen Dritten.

Soll eine Löschung bewilligt werden, so ist dem Treuhänder nachzuweisen, welche Beträge der Anleihe getilgt sind. Zu diesem Zwecke sind ihm die notariellen Protokolle über die Verlosungen, die mit dem Vermerke der Ungültigkeit versehenen Schuldverschreibungen und die Quittungen über die Hinterlegung gekündigter, nicht rechtzeitig aufgehobener Beträge vorzulegen.

Sind nach Ansicht des Treuhänders zur Geltendmachung des Pfandrechts gemeinschaftliche Beschlüsse der Inhaber von Schuldverschreibungen erwünscht oder notwendig, so ist er berechtigt und auf Antrag der Inhaber des dritten Teiles der jeweils noch umlaufenden Schuldverschreibungen gegen Zahlung eines angemessenen Kostenvorschusses verpflichtet, eine Versammlung der Besitzer der Schuldverschreibungen einzuberufen. Zwischen der Bekanntmachung und der Versammlung muß eine Frist von vierzehn Tagen liegen.

Erfolgt die Einberufung aus dem eigenen Entschluß des Treuhänders, so hat die Schuldnerin die Kosten der Versammlung vorzuschießen; sie hat auch bei einer Einberufung auf Verlangen der Besitzer der Schuldverschreibungen die Kosten zu zahlen, wenn die Anträge angenommen werden. Soweit zur Ausübung des Pfandrechts die Einlieferung und die Vorlegung der Schuldverschreibungen erforderlich werden sollte, haben die Besitzer auf öffentliche Aufforderung die Schuldverschreibungen dem Treuhänder einzuliefern. Die Nachteile verspäteter Einlieferung einzelner Schuldverschreibungen treffen ausschließlich die Säumigen.

Dem Treuhänder liegt auch die Verwahrung der Schuldurkunde ob.

Mit Zustimmung des Vorstandes der Gesellschaft ist eine Stellvertretung des Treuhänders im einzelnen Falle zulässig.

V.

Für die Forderung zu 1 000 000 *M* nebst Zinsen bestellt die Aktienbrauerei Sendling eine Sicherungshypothek an ihrem im Grundbuche des K. Amtsgerichts München für Untersendling Bd. . . . eingetragenen Besitztum der Steuergemeinde München, bestehend aus . . . (folgt Beschreibung) . . . an erster ausschließender Stelle.

Schuldnerin bewilligt und beantragt die Eintragung der Sicherungshypothek sowie der Bestellung des Simon Kirchner als Treuhänder im Grundbuche unter Verzicht auf Bekanntgabe des Vollzugs. Vermerkt wird, daß der Notar vor der Beurkundung das Grundbuch eingesehen hat.

Vorgelesen ꝛc.

18. Bestellung einer Höchstbetragshypothek.

Heute am . . . . erschien vor mir Fritz Weber, K. Notar zu München, an der Amtsstelle des K. Notariats München IV

Herr Leopold Heitzer, Wagnermeister in München, ledig, volljährig, mir, dem Notar, persönlich bekannt, und ersuchte mich, folgende Erklärung zu beurkunden:

Ich stehe mit Herrn Walter Sack, Großhändler in München, in Geschäftsverbindung. Zur Sicherung aller Ansprüche, die dem Walter Sack infolge dieser Geschäftsverbindung aus Darlehen, Wechselverbindlichkeiten, Bürgschaften oder aus einem sonstigen Rechtsgrunde, sei es an Hauptsache oder an Nebenforderungen wie Zinsen, Provisionen, Kosten und Schäden gegen mich zustehen oder in Zukunft erwachsen werden, bestelle ich Herrn Walter Sack eine Sicherungshypothek bis zum Höchstbetrage von 10000 *M* (m. W.) an meinem in der Steuergemeinde München gelegenen, im Grundbuche des K. Amtsgerichts München für die Maxvorstadt Bd. 61, S. 315, Bl. 1017 eingetragenen Grundstück Pl.-Nr. 7014 . . . (folgt Beschreibung) . . . an nächst offener Stelle.

Ich trage die Kosten und ersuche, dem Gläubiger eine Ausfertigung dieser Urkunde zu erteilen.

Ich bewillige und beantrage die Eintragung der hier bestellten Hypothek im Grundbuche. Weiter bewillige und beantrage ich die Eintragung einer Vormerkung zur Sicherung des Anspruchs des Gläubigers der hier bestellten Hypothek zu 10000 *M* auf Löschung der ihr im Range zur Zeit vorgehenden Hypotheken, wenn und soweit sie sich mit dem Eigentum in einer Person vereinigen.

Auf Bekanntgabe des Vollzuges verzichte ich. Vermerkt wird, daß der Notar vor der Beurkundung das Grundbuch eingesehen hat.

Vorgelesen ꝛc.

19. Bestellung einer Höchstbetragshypothek.

Heute am . . . . erschien vor mir Fritz Weber, K. Notar zu München, an der Amtsstelle des K. Notariats München IV

Herr Ernst Winter, Kaufmann in München, nach Ehevertrag des Notariats . . . vom . . . Gesch.-Reg. Nr. . . . in Gütertrennung lebend, mir persönlich bekannt, und ersuchte mich, folgende Erklärung zu beurkunden:

Herr Karl May, Kaufmann in München, hat in die Firma Engel & Fink, Schreibmaschinenhandlung in München, 15 000 *M* (m. W.) als stiller Teilhaber eingelegt. Zur Sicherung aller Ansprüche, welche Herrn Karl May aus dieser Geschäftseinlage zu 15 000 *M* gegenüber der Firma Engel & Fink sowie aus Forderungen aller Art gegen diese Firma entstanden sind oder künftig entstehen werden, sie mögen die Hauptsache betreffen oder auf Nebensachen wie Zinsen, Kosten, Provisionen und Schäden sich beziehen, errichte ich eine Sicherungshypothek bis zum Höchstbetrage von 20 000 *M* (m. W.) an meinem in der Steuergemeinde Neuhausen gelegenen, im Grundbuche des K. Amtsgerichts München für Neuhausen Bd. 10, S. 111, Bl. 113 eingetragenen Grundbesitz Pl.-Nr. . . . (folgt Beschreibung) . . . nach Vorgang von 30 000 *M* Bankkapital.

Ich bewillige und beantrage die Eintragung der Sicherungshypothek im Grundbuche und verzichte auf Bekanntgabe des Vollzugs.

Ich trage die Kosten und ersuche, dem Herrn Karl May eine Ausfertigung dieser Urkunde zu erteilen. Vermerkt wird, daß der Notar vor der Beurkundung das Grundbuch eingesehen hat.

Vorgelesen ꝛc.

20. Bestellung einer Höchstbetragshypothek.

Heute am . . . . erschien vor mir Fritz Weber, K. Notar zu München, an der Amtsstelle des K. Notariats München IV

Herr Rudolf Melzl, Gastwirt in München, nach seiner Angabe im gesetzlichen Güterstande des BGB. lebend, mir persönlich bekannt, und ersuchte mich um Beurkundung folgender Erklärung:

Ich und die Genossenschaftsbrauerei Berg am Laim, eingetragene Genossenschaft mit beschränkter Haftpflicht in Berg am Laim, haben einen schriftlichen Vertrag geschlossen, wonach ich Rudolf Melzl verpflichtet bin, den gesamten Bierbedarf für meine Wirtschaft im Anwesen Haus-Nr. 186 an der Berg am Laimstraße in München aus der Brauerei der Genossenschaftsbrauerei Berg am Laim zu beziehen; für den Fall der Nichteinhaltung dieser Verpflichtung habe ich mich zur Zahlung einer Vertragsstrafe von 5 000 *M* verpflichtet.

Zur Sicherung der Ansprüche der Genossenschaftsbrauerei Berg am Laim aus dem Vertrage, insbesondere des Anspruchs auf Zahlung der Vertragsstrafe, bestelle ich der Brauerei eine Sicherungshypothek bis zum Höchstbetrage von 5 000 *M* (m. W.) an meinem im Grundbuche des K. Amtsgerichts München für Haidhausen Bd. . . . eingetragenen Grundstück . . . (folgt Beschreibung) . . . an erster ausschließender Stelle; ich bewillige und beantrage die Eintragung dieser Sicherungshypothek im Grundbuche und verzichte auf Bekanntgabe des Vollzugs. Vermerkt wird, daß der Notar vor der Beurkundung das Grundbuch eingesehen hat.

Vorgelesen rc.

21. Erweiterung der Haftung einer Höchstbetragshypothek.

Im Grundbuche des K. Amtsgerichts München für Untersendling . . . . ist an dem Grundstück Pl.-Nr. 10 050 des Baumeisters Erich Koenig für Karl Kinadeter, Gutsbesitzer in München, eine Höchstbetragshypothek zu 1 000 *M* (m. W.) zur Sicherung aller Ansprüche eingetragen, die Herrn Karl Kinadeter aus der in der Urkunde des K. Notariats . . . .

bedungenen Vertragsstrafe sowie aus etwaiger Haftung für Kranken-, Unfall- und Invaliditätsversicherung aus Anlaß des auf dem Grundstücke zu errichtenden Neubaues erwachsen. Erich Koenig und Alois Huber, Kaufmann in München, vereinbaren unter ausdrücklicher Zustimmung des Karl Kinadeter, daß die obige Hypothek zu 1000 *M* außer zur Sicherung dieser Ansprüche auch noch zur Sicherung der Ansprüche dienen soll, die Herrn Alois Huber aus der Lieferung von Arbeiten und Materialien in den auf dem Grundstücke zu errichtenden Neubau entstanden sind und noch entstehen werden, sie mögen die Hauptsache betreffen oder sich auf Nebensachen wie Zinsen, Kosten und Schäden beziehen. Jedoch soll sich diese Haftung auf den Teil der Hypothek beschränken, der nicht durch die Ansprüche des Herrn Kinadeter erschöpft ist.

Erich Koenig, Karl Kinadeter und Alois Huber bewilligen und beantragen die Eintragung dieser Erweiterung der Haftung der Höchstbetragshypothek im Grundbuch unter Verzicht auf Bekanntgabe des Vollzugs. Erich Koenig trägt die Kosten, dem Alois Huber ist eine beglaubigte Abschrift zu erteilen.

München, den . . . .

(Unterschriftsbeglaubigung).

22. Anerkenntnis von Ansprüchen aus einer Hypothek.

Heute am . . . . erschienen vor mir Fritz Weber, K. Notar zu München, an der Amtsstelle des K. Notariats München IV

Herr Karl und Frau Christine Mangold, Malermeistersehegatten in München, nach Angabe im gesetzlichen Güterstande des BGB. lebend, mir persönlich bekannt, und erklärten mit dem Ersuchen um Beurkundung:

An unserem in der Steuergemeinde München gelegenen, im Grundbuche des K. Amtsgerichts München für die Maxvorstadt Bd. 4, S. 461, Bl. 47 eingetragenen Anwesen Haus-Nr. 120 an der Görresstraße ist zur Sicherung aller Ansprüche, die der offenen Handelsgesellschaft „Finkenzeller & Co." in

München aus einem uns gewährten Kontokorrentkredit erwachsen sind und erwachsen werden, eine Sicherungshypothek bis zum Höchstbetrage von 10 000 *M* (m. W.) und eine weitere Sicherungshypothek für Nebenansprüche im Höchstbetrage von 1000 *M* (m. W.) eingetragen. Wir bekennen hiermit, daß wir der offenen Handelsgesellschaft Finkenzeller & Co. in München zur Befriedigung wegen der Ansprüche aus dem Kontokorrentkredit aus dem verpfändeten Anwesen die Summe von 10 000 *M* für Hauptsache, den Betrag von 700 *M* für Zinsen und sonstige Nebenansprüche zu zahlen haben und unterwerfen uns wegen dieser Ansprüche aus den Hypotheken der sofortigen Zwangsvollstreckung aus dieser Urkunde.

Wir tragen die Kosten und ersuchen, der Gläubigerin eine Ausfertigung dieser Urkunde zu erteilen. Vermerkt wird, daß der Notar vor der Beurkundung das Grundbuch eingesehen hat.

Vorgelesen ꝛc.

23. Uebertragung einer Hypothek.

(Mit Unterschriftsbeglaubigung).

Im Grundbuche des K. Amtsgerichts München für Giesing Bd. 42, S. 309, Bl. 471 ist an dem Grundstück Pl.-Nr. 17 431 im Eigentum des Sylvester Paula, Baumeister in München, in Abt. III unter Ziff. 9/V für Herrn Kurt Mielinger, Kaufmann in München, im Gleichrang mit 25 000 *M* Buchhypotheken eine Sicherungshypothek bis zum Höchstbetrage von 10 000 *M* (m. W.) zur Sicherung aller Ansprüche eingetragen, welche dem Kurt Mielinger aus der Geschäftsverbindung mit Sylvester Paula gegen diesen zustehen.

Diese Höchstbetragshypothek zu 10 000 *M* ist nach Angabe des Kurt Mielinger jedenfalls bis zum Betrage von 5400 *M* (m. W.) erschöpft.

Diese durch die Höchstbetragshypothek gesicherte Forderung zu 5400 *M* tritt Kurt Mielinger mit dem gleichhohen Teilbetrage der Hypothek im Vorrang vor dem Reste zu 4600 *M* ab an Herrn Christian Bollinger und bewilligt und beantragt die Eintragung dieser Abtretung im Grundbuche; er verzichtet auf Mitteilung des Vollzugs.

Der Notar stellt fest, daß aus dem Grundbuche das Zurechtbestehen der Forderung nicht ersichtlich und daß zu deren Feststellung das Anerkenntnis des Schuldners notwendig ist.

24. Umwandlung und Abtretung einer Höchstbetragshypothek.

Heute am . . . . erschienen vor mir Fritz Weber, K. Notar zu München, an der Amtsstelle des K. Notariats München IV

1. Herr Pius Krenzle, Kaufmann in München,
2. Herr Sylvester Paula, Baumeister in München, ledig, volljährig, handelnd für sich und namens der Maurermeistersehegatten Anton und Amalie Henninger in München auf Grund urschriftlich vorgelegter Vollmacht . . . . (folgt Beschreibung) . . ., und ersuchten mich, folgendes zu beurkunden:

I.

Im Grundbuche des K. Amtsgerichts München für . . . . . ist an dem Grundstück Pl.-Nr. 16750 des Baumeisters Sylvester Paula und der Maurermeistersgattin Amalie Henninger, beide in München, für Herrn Pius Krenzle, Kaufmann in München, unter Nr. 9/IV der III. Abt. eine Höchstbetragshypothek zu 20000 *M* (m. W.) eingetragen und zwar für seine Ansprüche aus der Geschäftsverbindung mit Sylvester Paula.

II.

Unter Zustimmung des Pius Krenzle erkennt Sylvester Paula an, daß er aus dem durch die Höchstbetragshypothek gesicherten Kreditverhältnis dem Pius Krenzle 10000 *M* (m. W.) schuldig geworden ist und verpflichtet sich, diese 10000 *M* von heute an mit jährlich 4 % — vier Prozent — zu verzinsen und am 15. Mai 1913 (m. W.) bar zu zahlen.

III.

Von der unter Ziff. I bezeichneten Höchstbetragshypothek zu 20000 *M* wandeln die Vertragsteile den Teilbetrag von 10000 *M* in eine gewöhnliche Hypothek um; die Erteilung eines Briefes soll ausgeschlossen sein; die Hypothek ohne

Brief soll künftig zur Sicherung der unter Ziff. II einbekannten Schuld des Sylvester Paula zu 10000 *M* samt Zinsen dienen und Gleichrang haben mit dem Rest der Höchstbetragshypothek zu 10000 *M*.

Sylvester Paula und Amalie Henninger unterwerfen sich der sofortigen Zwangsvollstreckung aus dieser Urkunde in der Weise, daß die Zwangsvollstreckung aus der Urkunde gegen den jeweiligen Eigentümer des Grundstücks zulässig ist. Sylvester Paula unterwirft sich außerdem der sofortigen Zwangsvollstreckung in sein gesamtes übriges Vermögen.

Sylvester Paula erteilt namens des Anton Henninger, Ehemann der Amalie Henninger, die eheherrliche Genehmigung und bewilligt die sofortige Zwangsvollstreckung in den seiner Ehefrau am Grundstücke zustehenden Anteil.

Die Erschienenen bewilligen und beantragen, die Hypothekumwandlung mit den in Ziff. II angegebenen Zins- und Zahlungsbestimmungen, mit der Ausschließung der Erteilung des Hypothekenbriefs, der Rangstellung und der dinglichen Vollstreckungsklausel im Grundbuche einzutragen.

IV.

Pius Krenzle tritt sodann die oben unter Ziff. II einbekannte Forderung zu 10000 *M* mit den Zinsen vom heutigen Tage an, der für sie bestellten Hypothek und allen Rechten unter Haftung nur für den Bestand der Forderung ab an Herrn Hans Windig, Baumeister in München, und bewilligt und beantragt die Eintragung dieser Abtretung, von welcher Sylvester Paula und Amalie Henninger Kenntnis nehmen, im Grundbuche. Er verzichtet auf Mitteilung des Vollzugs.

Sylvester Paula trägt die Kosten und beantragt, dem Pius Krenzle eine vollstreckbare Ausfertigung dieser Urkunde zu erteilen. Vermerkt wird, daß der Notar vor der Beurkundung das Grundbuch eingesehen hat, und daß die Erschienenen dem Notare persönlich bekannt sind.

Vorgelesen rc.

25. Hypothekverzicht.

(Mit Unterschriftsbeglaubigung.)

An dem Anwesen Haus-Nr. 20 an der Kalbstraße in O., im Eigentum des Ignaz Straßer, Baumeister in M., ist im

Grundbuche des K. Amtsgerichts M. für . . . . in Abt. III unter Nr. 3/III ein Darlehen von 3000 *M* für Alois Biedermair und ein solches zu 2000 *M* für Karl Dietrich im Gleichrang unter sich eingetragen.

Die Herren Alois Biedermair und Karl Dietrich verzichten hiermit auf diese Hypotheken für Haupt- und Nebenansprüche und bewilligen die Eintragung dieses Verzichts und die Umschreibung der Hypotheken auf den Eigentümer im Grundbuch und zwar trotz der Rechte, die ihnen aus den zugunsten der Hypotheken eingetragenen Vormerkungen nach § 1179 BGB. zustehen.

Auf Bekanntgabe des Vollzugs wird verzichtet.

Ignaz Straßer nimmt vom Verzichte Kenntnis und beantragt, ihn im Grundbuch einzutragen und die Hypotheken samt den Nebenansprüchen auf ihn als Eigentümergrundschulden im Grundbuch einzuschreiben; er verzichtet gleichfalls auf Bekanntgabe des Vollzugs.

26. Bestellung einer Grundschuld.

Heute am . . . . erschienen vor mir Fritz Weber, K. Notar zu München, an der Amtsstelle des K. Notariats München IV

Herr Josef und Frau Therese Jägerhuber, Gastwirtseheleute in Harlaching; laut Ehevertrags des K. Notariats Ebersberg vom 11. Oktober 1905, G.R.N. 1075, den sie in Ausfertigung vorlegen, leben sie in allgemeiner Gütergemeinschaft. Beide sind mir persönlich bekannt und ersuchten mich, folgende Erklärungen zu beurkunden:

Wir bestellen dem Darlehenskassenverein Perlach, Genossenschaft mit beschränkter Haftpflicht in Perlach, eine Grundschuld in Höhe von 5000 *M* (m. W.) an unserem in der Steuergemeinde München gelegenen, im Grundbuche des K. Amtsgerichts München für Giesing Bd. 24, S. 347, Bl. 793 eingetragenen Grundstück Pl.-Nr. . . . (folgt Beschreibung) . . .

Diese Grundschuld ist vom 1. Februar 1910 (m. W.) mit jährlich 5 % (m. W.) zu verzinsen und bei Aufnahme eines Bankkapitals auf das Grundstück, spätestens aber am 1. Oktober 1910 (m. W.) bar zu zahlen.

Diese Grundschuld soll Rang haben nach 10000 *M* Buchhypothek. Der zu erteilende Grundschuldbrief soll zur Übersendung an die Gläubigerin dem K. Notariate . . . ausgehändigt werden. Wir unterwerfen uns in Ansehung dieser Grundschuld in Hauptanspruch und Nebenansprüchen der sofortigen Zwangsvollstreckung in der Weise, daß die Zwangsvollstreckung aus der Urkunde gegen den jeweiligen Eigentümer des Grundstücks zulässig ist. Wir bewilligen und beantragen die Eintragung der Grundschuld mit den Zins- und Fälligkeitsbestimmungen und der dinglichen Zwangsvollstreckungsklausel im Grundbuche; wir verzichten auf Bekanntgabe des Vollzugs.

Wir tragen die Kosten und ersuchen, der Gläubigerin eine vollstreckbare Ausfertigung dieser Urkunde zu erteilen. Vermerkt wird, daß der Notar vor der Beurkundung das Grundbuch eingesehen hat.

Vorgelesen 2c.

27. Pfandfreigabe, Rangausweichung und Bestandteilserklärung.

(Mit Unterschriftsbeglaubigung.)

Karl Mailinger, Realitätenbesitzer in München, entläßt als Hypothekgläubiger an dem Grundstück der Steuergemeinde Neuhausen, Pl.-Nr. $821^1/_{26}$, Bauplatz zu 0,073 ha, im Eigentum der Baumeistersgattin Centa Flach in München, die nach Messungsverzeichnis der Steuergemeinde Neuhausen Nr. 530/1908 von diesem Grundstück abgetrennte und mit den Grundstücken der gleichen Steuergemeinde Pl.-Nr. $821^1/_{25}$ und $821^1/_{11}$ vereinigte Fläche von 0,001 ha aus dem für ihn im Grundbuche des K. Amtsgerichts München für Neuhausen Bd. 33, S. 465, Bl. 537 bestehenden Pfandverbande und bewilligt die pfandfreie Abschreibung des Trennstücks im Grundbuche. Die Grundstücke Pl.-Nr. $821^1/_{25}$, $881^1/_{11}$ sind unter Zuziehung einer Fläche von 0,001 ha aus Pl.-Nr. $821^1/_{26}$ nach dem erwähnten Messungsverzeichnisse in Pl.-Nr. $821^1/_{25}$ (neu) zusammengelegt worden; Frau Centa Flach hat auf das neue Grundstück ein Darlehen der Bayerischen Hypotheken- und Wechselbank in München zu 40000 *M* aufgenommen. Diesem Darlehen samt beliebigen Verzinsungs- und Zahlungsbestimmungen und sonstigen Nebenleistungen weicht Karl Mailinger mit seinen im Grundbuche Bd. 32, S. 445, Bl. 536 an den Grundstücken Pl.-Nr. 821 1/25 und 821 1/11 eingetragenen Briefhypotheken

a) 3750 *M* Kaufpreisrestteil,

b) 10 000 *M* Darlehen

in Rang und Rechten aus und bewilligt die Eintragung der Ausweichung im Grundbuch. Herr Simon Flach als bevollmächtigter Vertreter seiner Gattin Centa Flach stimmt den vorstehenden Erklärungen zu und beantragt deren grundbuchamtlichen Vollzug; insbesondere beantragt er die nach dem angeführten Messungsverzeichnis aus Pl.-Nr. 821 1/26 zu Pl.-Nr. 821 1/25 und 821 1/11 gezogenen Fläche von 0,001 ha sowie das Grundstück Pl.-Nr. 821 1/11 bei dem im Grundbuche des K. Amtsgerichts München für Neuhausen Bd. 32, S. 445, Bl. 536 vorgetragenen Grundstück Pl.-Nr. 821 1/25 als Bestandteil zuzuschreiben. Er erklärt diese Trennfläche zu 0,001 ha zusammen mit den beiden Grundstücken Pl.-Nr. 821 1/25 und 821 1/11 als ein Grundstück.

Auf Bekanntgabe des Vollzuges wird verzichtet. Die mitvorgelegten Hypothekenbriefe sollen dem K. Notariate München III ausgehändigt werden.

28. Antrag auf Grundbuchberichtigung.

(Mit Unterschriftsbeglaubigung.)

Mit Urkunde des K. Notariats Friedberg hat Karl Ney seine im Grundbuch des K. Amtsgerichts Friedberg für Lechhausen Bd. 17, S. 321, Bl. 821 eingetragene Hypothekforderung zu 8000 *M* für ein Darlehen auf Hans Imhoff übertragen und die Eintragung dieser Abtretung im Grundbuch bewilligt und beantragt. Die Eintragung ist erfolgt.

Karl Ney erklärt nun in Uebereinstimmung mit Hans Imhoff, daß über den Eintritt der Rechtsänderung zwischen ihm und Hans Imhoff keine Einigung erfolgt ist, und auch nicht erfolgen wird, und daß keine Hingabe oder Verrechnung der Valuta stattgefunden hat. Hans Imhoff erklärt, daß er die Annahme des Vertragsantrages verweigert.

Karl Ney und Hans Imhoff bewilligen und beantragen demgemäß, das Grundbuch dahin zu berichtigen, daß als Gläubiger der Hypothek wieder Karl Ney in das Grundbuch eingetragen wird; sie beantragen ferner die für die oben bezeichnete Urkunde zuviel angesetzten Gebühren wieder abzusetzen. Auf Bekanntgabe des Vollzugs wird verzichtet.

29. Rangvorbehalt.

(In einer Kaufvertragsurkunde.)

. . . .

Für diesen Kaufpreis zu 57000 *M* bestellt Franz Spengler der Verkäuferin an dem Grundstück an nächster Stelle eine Hypothek. Die Erteilung eines Hypothekenbriefes soll ausgeschlossen sein. Franz Spengler behält sich das Recht vor, an dem Grundstück eine Buchhypothek zu 117000 *M* mit Zinsen zu 4 % und eine Sicherungshypothek bis zum Höchstbetrage von 15000 *M* mit dem Range vor der Kaufpreishypothek zu 57000 *M* in das Grundbuch eintragen zu lassen.

. . . .

Ferner bewilligt und beantragt Franz Spengler, daß auf dem vorbezeichneten Grundbuchblatt in Abt. III eingetragen wird:

Hypothek ohne Brief für 57000 *M* (m. W.), Kaufpreis des . . . .

Der Eigentümer hat sich vorbehalten, eine Buchhypothek zu 117000 *M* mit 4 % Zinsen und eine Höchstbetragshypothek zu 15000 *M* mit dem Range vor der Hypothek zu 57000 *M* eintragen zu lassen.

30. Bestellung eines Erbbaurechts.

Heute am . . . . erschienen vor mir Fritz Weber, K. Notar zu München, an der Amtsstelle des K. Notariats München IV

1. Herr Hans Mielich, Privatier, Vorstand der Grundverwertungsgesellschaft Perlach, Gesellschaft mit beschränkter Haftung, als ihr Vertreter. Nach dem

Handelsregister des K. Amtsgerichts München, das ich eingesehen habe, ist er befugt, allein die Gesellschaft zu vertreten und für sie zu zeichnen.

2. Herr Josef Aigner, Kaufmann, und Herr Anton Hierl, Arbeitersekretär, beide handelnd für die Baugenossenschaft Obergiesing, eingetragene Genossenschaft mit beschränkter Haftpflicht in München. Nach dem Genossenschaftsregister des K. Amtsgerichts München, das ich eingesehen habe, sind sie befugt, gemeinschaftlich die Genossenschaft zu vertreten und für sie zu zeichnen.

Alle Erschienenen wohnen in München und sind mir, dem Notar, persönlich bekannt. Sie ersuchten mich bei gleichzeitiger Anwesenheit folgendes zu beurkunden.

I.

Die Grundverwertungsgesellschaft Perlach ist Eigentümerin der in der Steuergemeinde München gelegenen, im Grundbuche des K. Amtsgerichts München für Giesing Bd. 35, S. 461, Bl. 651 hypothek- und lastenfrei eingetragenen Grundstücke

Pl.-Nr. 16670 Bauplatz zu 0,941,

Pl.-Nr. 16671 desgleichen zu 1,472.

Sie räumt hiermit der Baugenossenschaft Obergiesing das veräußerliche und vererbliche Recht ein, auf und unter diesen Grundstücken Bauwerke herzustellen und die dazu nicht nötigen Parzellen als Höfe und Gärten anzulegen.

II.

Die Einräumung wird an folgende Bedingungen geknüpft:

1. Auf den Grundstücken dürfen nur solche Gebäude errichtet werden, welche nach Art und Beschaffenheit die Benützung für gewerbliche oder industrielle Zwecke ausschließen.
2. Die Einrichtung und der Betrieb von Gastwirtschaften in den Gebäuden ist an die Genehmigung der Eigentümerin gebunden.
3. Die Baupläne für die zu errichtenden Gebäude sind zur Begutachtung einer von der Eigentümerin vorzuschlagenden Bausachverständigenkommission vorzulegen. Werden die Pläne von dieser Kommission

nicht gebilligt, so hat die Eigentümerin das Recht, die Errichtung der darin vorgesehenen Gebäude zu verbieten.

4. Zur Sicherung der in Ziff. 1 und 2 vereinbarten Ansprüche der Grundverwertungsgesellschaft Perlach belastet die Erbbauberechtigte das Erbbaurecht mit einer beschränkten persönlichen Dienstbarkeit.

III.

Das Erbbaurecht beginnt mit dem Tage seiner Eintragung im Grundbuche und endet am 31. Dezember 1969 (m. W.). Mit dem Erlöschen des Erbbaurechts gehen alle auf den Erbbaugrundstücken errichteten Gebäude und Anlagen in das Eigentum der Eigentümerin über. Letztere hat dafür eine Entschädigung zu zahlen, die durch eine Kommission auf Grund des im Zeitpunkte des Erlöschens des Erbbaurechts bestehenden Bodenwertes und einer Rentabilitätsberechnung festzustellen ist.

Die Kommission besteht aus sieben Sachverständigen; die Erbbauberechtigte und die Eigentümerin haben je drei zu berufen, das siebente Mitglied wird vom Stadtmagistrate München ernannt. Die Entscheidung erfolgt durch Stimmenmehrheit.

IV.

Die Erbbauberechtigte hat für die Dauer des Erbbaurechts an die Eigentümerin einen jährlichen Erbbauzins von 3 000 *M* (m. W.) in halbjährigen Raten zu zahlen, die am 1. — ersten — April und 1. — ersten — Oktober jedes Jahres im voraus zu entrichten sind. Die erste Rate mit 1 500 *M* ist fällig am 1. Oktober 1910 (m. W.).

Für diesen Erbbauzins bestellt die Erbbauberechtigte für die Eigentümerin eine Reallast an dem Erbbaurecht. Als Ablösungspreis wird der Betrag von 75 000 *M* (m. W.) bestimmt.

V.

Die Erbbauberechtigte verpflichtet sich, die zu errichtenden Gebäude während der Dauer des Erbbaurechts in gutem baulichen Zustande zu erhalten und sie nach dem höchstmöglichen Werte gegen Brandschaden zu versichern.

Zuwiderhandlungen berechtigen die Eigentümerin die Übertragung des Erbbaurechts gegen Zahlung der nach Ziff. III dieses Vertrages zu berechnenden Entschädigung zu verlangen. Dieser Anspruch ist durch Eintragung einer Vormerkung gemäß § 883 BGB. zu gunsten der Grundverwertungsgesellschaft Perlach im Grundbuch zu sichern.

VI.

Auf Grund des Vertrages erklären die Erschienenen darüber einig zu sein, daß der Baugenossenschaft Obergiesing, eingetragene Genossenschaft mit beschränkter Haftpflicht in München, das veräußerliche und vererbliche Recht zusteht, die oben unter Ziff. I beschriebenen Grundstücke auf und unter der Oberfläche zu bebauen und die dazu nicht nötigen Parzellen als Höfe und Gärten anzulegen. Sie bewilligen und beantragen die Eintragung dieses Erbbaurechts auf den belasteten Grundstücken im Grundbuche sowie die Anlegung eines besonderen Grundbuchblattes für das Erbbaurecht. Weiter bewilligen und beantragen die Vertragsteile, daß an dem Erbbaurecht auf dem dafür anzulegenden Grundbuchblatte die oben unter Ziff. II Nr. 4 vereinbarte beschränkte persönliche Dienstbarkeit, die oben unter Ziff. IV vereinbarte Reallast und die oben unter Ziff. V bedungene Vormerkung eingetragen werden und zwar im Gleichrange unter sich.

VII.

Die Kosten dieses Vertrages übernimmt die Erbbauberechtigte.

Die Vertragsteile erhalten je eine Ausfertigung. Vermerkt wird, daß der Notar vor der Beurkundung das Grundbuch eingesehen hat.

Vorgelesen 2c.

31. Vertrag über Bestellung einer Grunddienstbarkeit.

Heute am . . . . erschienen vor mir Fritz Weber, K. Notar zu . . . . . ., an der Amtsstelle des K. Notariats . . . . . .

1. Herr Regierungsrat Karl Hartmann, Bezirksamtmann in Sch., handelnd als Vertreter der Distriktsgemeinde Sch. zufolge in beglaubigtem Auszuge hier beizuheftenden Beschlusses des Distriktsrates Sch. vom 1. Oktober 1909 mit Auszug aus der Regierungsentschließung vom 10. Oktober 1909 Nr. 17 602,
2. Herr Georg und Frau Barbara Fischer, Bauerseheleute in Michelberg,
3. Herr Konrad und Frau Dorothea Friedmann, Bauerseheleute in Michelberg,
4. Herr Johann und Frau Margarethe Heinlein, Gütlerseheleute in Michelberg,

alle mir, dem Notar, persönlich bekannt und ersuchten mich, folgendes zu beurkunden:

I.

Die Distriktsgemeinde Sch. beabsichtigt, das Distriktskrankenhaus in Michelberg — Pl.-Nr. 211 der Steuergemeinde R. — durch Ableitung der Abwässer mit Röhren in den Achenbach zu entwässern. Zur Herstellung der Entwässerungsanlage müssen durch einige Grundstücke Graben geführt und Röhren gelegt werden; ferner müssen Luft- und Reinigungsschächte hineingebaut werden.

Zu diesem Zwecke belasten die hier genannten Grundstückseigentümer ihre in der Steuergemeinde R. gelegenen und im Grundbuche des K. Amtsgerichts Sch. für R. eingetragenen Grundstücke, nämlich:

1. Georg und Barbara Fischer ihr in Bd. 3, S. 421, Bl. 113 eingetragenes Grundstück
   Pl.-Nr. 213 Wiese zu 3,411 ha,
2. Konrad und Dorothea Friedmann ihre in Bd. 2, S. 17, Bl. 53 eingetragenen Grundstücke
   Pl.-Nr. 217 1/2 Wiese zu 4,211 ha,
   Pl.-Nr. 218 1/3 Wiese zu 0,981 ha,
3. Johann und Margarete Heinlein ihre in Bd. 4, S. 241, Bl. 254 eingetragenen Grundstücke
   Pl.-Nr. 220 Wiese zu 2,118 ha,
   Pl.-Nr. 222 Wiese zu 0,143 ha

zugunsten der jeweiligen Eigentümer der Pl.-Nr. 211 der Steuergemeinde R., eingetragen im Grundbuche dieser Steuergemeinde Bd. 3, S. 109, Bl. 72, mit einer Grunddienstbarkeit. Diese soll folgenden Inhalt haben: Die jeweiligen Eigentümer dieser Pl.-Nr. 211 sollen berechtigt sein, durch die belasteten Grundstücke die zur Entwässerung dienenden Röhren zu legen; zu diesem Zwecke und zur Vornahme der etwa erforderlichen Ausbesserungen sollen sie die nötigen Bau- und Grabarbeiten auf den belasteten Grundstücken vornehmen dürfen.

Den Aufsichtsorganen wird das Recht eingeräumt, die belasteten Grundstücke zu begehen, soweit es notwendig ist, um die Leitung instand zu halten. Die Berechtigten haben dieses Recht so auszuüben, daß die Kulturart der belasteten Grundstücke möglichst geschont wird.

II.

Als einmalige Entschädigung wird der Betrag von 3 *M* für jeden Meter der Rohr- oder Kanalleitung gewährt. Die vereinbarte Gebühr ist innerhalb drei Monaten, von heute an gerechnet, fällig.

Als Wert der Dienstbarkeiten für das herrschende Grundstück wird zur Gebührenbewertung der Betrag von je 300 *M* (m. W.) angenommen.

III.

Die Eigentümer der dienenden Grundstücke haften dafür, daß keine Rechte Dritter auf deren Benützung bestehen, daß ihnen vielmehr das Recht freier Verfügung über die Flächen zusteht, die für die Anlage in Anspruch genommen werden.

IV.

Es wird bewilligt und beantragt, daß die Grunddienstbarkeiten zugunsten der Distriktsgemeinde Sch. auf den dienenden Grundstücken in II. Abt. des Grundbuchs eingetragen und im Titel des Grundbuchblattes für das herrschende Grundstück vorgemerkt werden.

Die Distriktsgemeinde Sch. trägt die Kosten und erhält eine Ausfertigung dieser Urkunde. Vermerkt wird, daß der Notar vor der Beurkundung das Grundbuch eingesehen hat.

Vorgelesen rc.

32. Vertrag über die Bestellung einer beschränkten persönlichen Dienstbarkeit.

Heute am . . . . erschienen vor mir Fritz Weber, K. Notar zu . . . . . ., an der Amtsstelle des K. Notariats . . . . . .

1. Herr Franz Heindl, Privatier und Bürgermeister der Stadtgemeinde P., wohnhaft in P., handelnd für die Stadtgemeinde P. auf Grund urschriftlich vorgelegter Vollmacht des Stadtmagistrats P. vom 1. Mai 1907; hiernach haben die städtischen Kollegien die Errichtung des hier beurkundeten Dienstbarkeitsvertrages beschlossen und Herrn Franz Heindl zur Vertretung der Stadtgemeinde P. bei der notariellen Beurkundung ermächtigt;
2. Herr Franz Schimpf, Fabrikbesitzer in P.

Beide sind mir, dem Notar, persönlich bekannt; sie ersuchten mich, folgenden Vertrag zu beurkunden:

I.

Der städtische Sammelkanal soll vom Türkengraben zur Grafen-Allee verlängert werden; dadurch werden die in der Steuergemeinde P. gelegenen, im Grundbuche des K. Amtsgerichts P. für P. Bd. 17, S. 351 Bl. 921 auf den Namen des Fabrikbesitzers Franz Schimpf in P. eingetragenen Grundstücke

Pl.-Nr. 1431 Acker zu 0,511 ha,
Pl.-Nr. 1433 Acker zu 1,271 ha,
Pl.-Nr. 1437 Acker zu 3,741 ha,
Pl.-Nr. 1439 Acker zu 4,211 ha

in Mitleidenschaft gezogen.

Herr Franz Schimpf belastet nun diese Grundstücke zugunsten der Stadtgemeinde P. mit einer beschränkten persönlichen Dienstbarkeit; die Stadtgemeinde P. soll nämlich berechtigt sein, den vom Türkengraben bis zur Grafen-Allee weiterzuführenden Sammelkanal dem hier beigehefteten Plane gemäß in die belasteten Grundstücke einzulegen. Die Beauftragten des Stadtmagistrats P. dürfen diese Grundstücke behufs Untersuchung etwaiger Schäden jederzeit betreten und Grabungen behufs etwaiger Verbesserungen vornehmen.

II.

Die Dienstbarkeit wird zur Gebührenbewertung auf 500 *M* (m. W.) angeschlagen.

III.

Die Vertragsteile bewilligen und beantragen die Eintragung der Dienstbarkeit auf den belasteten Grundstücken in II. Abt. des Grundbuchs nach näherer Bezeichnung in dieser Urkunde und verzichten auf Bekanntgabe des Vollzugs.

Die Stadtgemeinde P. trägt die Kosten und erhält eine Ausfertigung dieser Urkunde. Vermerkt wird, daß der Notar vor der Beurkundung das Grundbuch eingesehen hat.

Vorgelesen ꝛc.

33. Einräumung eines Niessbrauchs.

(Mit Unterschriftsbeglaubigung.)

I.

Herr Martin Widemair, Baumeister in M., ist Eigentümer des in der Steuergemeinde M. gelegenen, im Grundbuche des K. Amtsgerichts M. für M. Bd. 31, S. 370, Bl. 673, vorgetragenen Grundstücks Pl.-Nr. 1571 Wohnhaus Nr. 3 an der Frauenstraße, mit Waschküche und Hofraum zu 0,081 ha.

Auf diesem Anwesen sind im Grundbuche folgende Hypotheken in nachstehender Reihenfolge eingetragen:

a) 115 000 *M* Darlehen der Pfälzischen Hypothekenbank in Ludwigshafen a. Rh.,
b) 17 000 *M* Darlehen des Rentiers Ernst Spaeth in M.,
c) 3000 *M* Bauforderung des Zimmermeisters Anton Gut in M.

II.

Martin Widemair bestellt nun dem Hypothekgläubiger Anton Gut einen Nießbrauch an dem Anwesen auf die Dauer von zehn Jahren, vom 1. April ds. Js. an gerechnet, unter folgenden Bedingungen:

Der Nießbraucher hat die Lasten des Anwesens in folgender Reihenfolge zu tragen:

a) öffentliche Steuern und Abgaben, Brandversicherungsbeiträge, Kaminkehrerlöhne, Straßenreinigungskosten, Wasserzins u. dgl.,

b) die Hypothekzinsen nebst Tilgungszuschlägen in der grundbuchmäßigen Rangordnung,
c) die Ausgaben für notwendige Baufälle und Ausbesserungen.

III.

Die zur Tilgung dieser Lasten nicht erforderlichen Einkünfte aus dem Anwesen hat der Nießbraucher verzinslich als Reservefond für spätere Ausfälle anzulegen.

Alljährlich am 1. April hat der Nießbraucher dem Eigentümer Rechnung zu legen. Ergibt die Abrechnung zweier aufeinander folgender Rechnungsjahre einen Ausfall, der durch den Reservefond nicht mehr gedeckt ist, so sind beide Teile zur Kündigung unter Einhaltung einer halbjährigen Frist berechtigt.

Nach Ablauf der zehnjährigen Nießbrauchsfrist ist ein etwaiger Überschuß dem Eigentümer auszuhändigen.

Im übrigen sollen die gesetzlichen Bestimmungen für den Nießbrauch gelten.

IV.

Martin Widemair und Anton Gut, der mit den Bestimmungen in Nr. II und III einverstanden ist, bewilligen und beantragen die Eintragung des Nießbrauches im Grundbuche und verzichten auf Bekanntgabe des Vollzugs.

Die Kosten übernimmt Anton Gut. Er erhält die Urschrift dieser Urkunde, zu den Grundbuchbeilagen ist eine beglaubigte Abschrift zu fertigen.

Das jährliche Reinerträgnis des Anwesens wird zur Gebührenbewertung auf 500 *M* angeschlagen.

34. Bestellung eines Niessbrauchs.

(Mit Unterschriftsbeglaubigung.)

Franz Koeppl, Zimmermeister in München, belastet hiermit in Einigung mit Herrn August Straßer, Rentier in München, sein in der Steuergemeinde Schwabing gelegenes, im Grundbuche des K. Amtsgerichts München für Schwabing Bd. 51, S. 17, Bl. 984 eingetragenes Grundstück Pl.-Nr. 593 Wohnhaus mit Vorgarten, Hofraum, Remise und Waschküche zu 0,051 ha auf die Dauer von zwei Jahren, vom heutigen

Tage an gerechnet, mit einem Nießbrauch ohne Einschränkung; Herr August Straßer ist also ausschließlich berechtigt, alle Nutzungen aus dem Grundstück und dem Zubehör zu ziehen. Im übrigen sollen für den Nießbrauch die Bestimmungen des BGB. maßgebend sein.

Franz Koeppl und August Straßer, der die Einräumung des Nießbrauchs annimmt, bewilligen und beantragen, im Grundbuche diesen Nießbrauch einzutragen, der zur Gebührenbewertung auf 2000 *M* (m. W.) angeschlagen wird. Sie verzichten auf Bekanntgabe des Vollzugs. August Straßer übernimmt die Kosten und erhält die Urschrift dieser Urkunde; zu den Grundbuchbeilagen ist eine beglaubigte Abschrift zu fertigen.

35. Ueberlassung eines Niessbrauchs.

(Mit Unterschriftsbeglaubigung.)

Für Herrn Max Walter, Maurermeister in München, ist an dem Anwesen Haus-Nr. 23 an der Belgradstraße des Baumeisters Johann Gottvoll in München, Pl.-Nr. 631 der Steuergemeinde Schwabing, im Grundbuche des K. Amtsgerichts München für Schwabing Bd. 49, S. 114, Bl. 843 in Abteilung II ein Nießbrauch eingetragen.

Herr Max Walter überläßt nun die Ausübung dieses Nießbrauchs in seinem ganzen Umfange dem Herrn Ludwig Kreuzmann, Glasermeister in München; dieser darf hiernach alle Rechtshandlungen vornehmen, die dem Herrn Max Walter auf Grund des Nießbrauches zustehen. Insbesondere darf Ludwig Kreuzmann alle Nutzungen aus dem Anwesen ziehen, die Lasten hat Max Walter zu tragen.

Die Vertragsteile sind davon unterrichtet, daß Herr Ludwig Kreuzmann durch die Überlassung des Nießbrauchs nur persönliche Rechte erwirbt, während Max Walter der dinglich Berechtigte bleibt.

München, den . . . .

36. Kaufvertrag.

Heute am . . . . . . erschienen vor mir Karl Winkler, K. Notar zu München, an der Amtsstelle des K. Notariats München III

1. Frau Karoline Pfender, Privatiere in München, nach ihrer Angabe nicht in fortgesetzter Gütergemeinschaft lebend,
2. Herr Georg und Frau Anna Wieninger, Baumeistersehegatten in München, nach ihrer Angabe im gesetzlichen Güterstande des BGB. lebend,

alle mir, dem Notar, persönlich bekannt und ersuchten mich, folgendes zu beurkunden:

I.

Frau Karoline Pfender verkauft aus ihrem in der Steuergemeinde Neuhausen gelegenen, im Grundbuche des K. Amtsgerichts München für Neuhausen Bd. 23, S. 311, Bl. 17 eingetragenen, nach rentamtlicher Bestätigung vom heutigen bodenzinsfreien Grundstück Pl.-Nr. 527, Bauplatz zu 0,921 ha, eine geometrisch erst zu vermessende, an der Ostseite in gerader Linie von der W. . . . straße zur B. . . . straße abzutrennende, übrigens schon abgesteckte Fläche von 0,841 ha an Georg und Anna Wieninger zu gleichen Hälfteanteilen um den vorläufig angenommenen Preis von 49 367 *M* (m. W.).

II.

In Anrechnung auf diesen Kaufpreis übernehmen die Käufer als Gesamtschuldner zur vertragsmäßigen Verzinsung von heute an und zur Tilgung das auf Pl.-Nr. 527 für die Bayerische Vereinsbank in München als Buchhypothek versicherte Darlehenskapital zu 15 000 *M* (m. W.). Dieses Darlehenskapital ist zu 4 % verzinslich und halbjährig kündbar. Die Zinsen sind je zur Hälfte am 1. April und am 1. Oktober jedes Jahres zu zahlen. Die miteingetragene zehnprozentige Sicherungshypothek für Nebenansprüche übernehmen die Käufer ohne Anrechnung am Kaufpreis.[1])

---

[1]) Ist die übernommene Hypothek ein Annuitätenkapital und bleiben die Gutmachungen den Käufern, so ist in die Urkunde aufaufzunehmen: „Die Gutmachungen durch die bisherigen Annuitätenleistungen kommen den Käufern ohne weiteres zu gute; die Verkäuferin überträgt auf die Käufer nach gleichen Anteilen alle Rechte, die sie in Ansehung der Hypothek durch die bisherigen Annuitätenleistungen erworben hat und bewilligt ihre Umschreibung im Grundbuche auf die Käufer.“ Verbleiben die Gutmachungen der Verkäuferin, so muß es heißen: „Wegen der seinerzeitigen Löschung der übernommenen Hypothek überträgt die Verkäuferin auf die Käufer alle Rechte, die sie durch die seitherigen Annuitätenleistungen erworben hat.“

Auf die Vorschriften des § 416 BGB. über die Schuldübernahme wurden die Vertragsteile hingewiesen.

Die Käufer verpflichten sich, den Teilbetrag zu 19 367 *M* (m. W.) ohne Zins und Sicherung vierzehn Tage nach Vollzug dieses Vertrages durch das Grundbuchamt bar zu bezahlen.

Den Kaufpreisrest zu 15 000 *M* (m. W.) haben die Käufer als Gesamtschuldner von heute an mit jährlich 4 % (m. W.) zu verzinsen und bei Aufnahme eines Bankkapitals auf das Grundstück, spätestens aber am 1. Mai 1911 (m. W.) bar zu bezahlen; sie verpflichten sich, das gewährte Bankkapital, soweit es nicht zur Wegzahlung des auf den Neubau verwendeten Baukapitals nötig ist, an die Verkäuferin in Anrechnung auf den Kaufpreis abzuführen. Der durch die Zuweisung des Bankkapitals nicht getilgte Kaufpreisrest ist ein Vierteljahr nach Kündigung bar und kostenfrei zu bezahlen.

Zur Sicherung dieses Kaufpreisrestes zu 15 000 *M* und der Nebenansprüche bestellen die Käufer der Verkäuferin an dem Grundstück eine Hypothek nach Vorgang der oben übernommenen Hypotheken; die Erteilung eines Briefes soll ausgeschlossen sein. Die Käufer unterwerfen sich in Ansehung des Kaufpreisrestes zu 15 000 *M* und der Nebenansprüche der sofortigen Zwangsvollstreckung und zwar auch in der Weise, daß die Zwangsvollstreckung aus der Urkunde gegen den jeweiligen Eigentümer zulässig sein soll. Ferner unterwerfen sich die Käufer auch wegen des nicht zu sichernden Kaufpreisteiles zu 19 367 *M* der sofortigen Zwangsvollstreckung aus dieser Urkunde. Herr Georg Wieninger erteilt zu dem Vertrage die eheherrliche Zustimmung und bewilligt die sofortige Zwangsvollstreckung in das eingebrachte Vermögen seiner Ehefrau und zwar sowohl wegen der genannten Kaufpreisteile als auch wegen des übernommenen Bankkapitals zu 15 000 *M*.

III.

Die Vertragsteile verpflichten sich, die vorbehaltene geometrische Vermessung sobald als möglich auf Kosten der Käufer herbeizuführen; sie bestanden auf sofortiger Beurkundung des obligatorischen Vertrags. Sie wurden darauf hingewiesen, daß die Vermessung zur Umschreibung im Grundbuch notwendig ist und der Beurkundung besser vorausgegangen wäre.

Sollte die geometrische Vermessung eine größere oder geringere Fläche ergeben, als oben angenommen wurde, so erhöht oder mindert sich der Kaufpreis um den Einheitspreis von 50 Pfg. (m. W.) für den Quadratfuß und es soll die hierdurch veranlaßte Ausgleichung bei dem zu sichernden Kaufpreisrest zu 15 000 *M* erfolgen.

IV.

Die Beteiligten haben Kenntnis davon, daß in der Abteilung II des Grundbuchs eine Dienstbarkeit zugunsten der Stadtgemeinde München wegen Erbauung von Vorder- und Rückgebäuden eingetragen ist. Die Käufer treten in die hiernach bestehenden Verpflichtungen ein.

V.

Besitz, Nutzungen und öffentliche Lasten gehen am Tage der Auflassungserklärung auf die Käufer über.

Sie tragen die Kosten der Beurkundung gemeinsam und erhalten eine Ausfertigung. Der Verkäuferin ist eine vollstreckbare Ausfertigung zu erteilen. Vermerkt wird, daß der Notar vor der Beurkundung das Grundbuch eingesehen hat.

Vorgelesen 2c.

37. Anerkennung einer Messung und Auflassung.

Heute am . . . . . erschienen vor mir Karl Winkler, K. Notar zu München, an der Amtsstelle des K. Notariats München III

1. Frau Karoline Pfender, Privatiere in München, nach ihrer Angabe nicht in fortgesetzter Gütergemeinschaft lebend,
2. Herr Georg und Frau Anna Wieninger, Baumeistersehegatten in München, nach ihrer Angabe im gesetzlichen Güterstande des BGB. lebend.

Die Erschienenen, mir persönlich bekannt, ersuchten mich bei gleichzeitiger Anwesenheit folgendes zu beurkunden:

I.

Die nach vorstehendem Kaufvertrag vom . . . . . von Karoline Pfender an Georg und Anna Wieninger aus Pl.-Nr. 527 der Steuergemeinde Neuhausen verkaufte Fläche ist vermessen worden; sie ist nach dem amtlich geprüften Auszug aus dem Messungsverzeichnis der Steuergemeinde Neuhausen Nr. 113/1909 wie folgt beschrieben:

Pl.-Nr. 527 1/3 Bauplatz zu 0,841 ha.

Dieses Messungsergebnis erkennen die Vertragsteile ausdrücklich an; es soll in allen Punkten bei den Vereinbarungen bleiben, die in der Haupturkunde festgelegt sind.

II.

Auf Grund des Kaufvertrages und der Erklärungen unter Nr. I. erklären die Erschienenen weiter, darüber einig zu sein, daß das Eigentum an dem nach Messungsverzeichnis der Steuergemeinde Neuhausen Nr. 113/1909 neugebildeten Grundstück Pl.-Nr. 527 1/3 Bauplatz zu 0,841 ha — Ausbruch aus dem im Grundbuch des K. Amtsgerichts München für Neuhausen Bd. 23, S. 311, Bl. 17 eingetragenen Grundstück Pl.-Nr. 527 — von Karoline Pfender auf Georg und Anna Wieninger übergeht; sie bewilligen und beantragen nach Maßgabe dieser Einigung, daß Georg und Anna Wieninger als zu gleichen Anteilen berechtigte Eigentümer im Grundbuch eingetragen werden.

Die Ehegatten Wieninger bewilligen und beantragen, daß an der vorgenannten Pl.-Nr. 527 1/3 in das Grundbuch in Abt. III die in der Haupturkunde bestellte Kaufpreisresthypothek zu 15000 *M* mit den Zins- und Zahlungsbestimmungen und der dinglichen Zwangsvollstreckungsklausel eingetragen werde.

Auf Bekanntgabe des Vollzuges verzichten die Vertragsteile. Diese Urkunde soll mit der Haupturkunde ausgefertigt werden. Vermerkt wird, daß der Notar vor der Beurkundung das Grundbuch eingesehen hat.

Vorgelesen ꝛc.

38. Kaufvertrag.

Heute am . . . . . . erschienen vor mir Karl Winkler, K. Notar zu München, an der Amtsstelle des K. Notariats München III

1. Herr Karl Jung, Kaufmann in München, handelnd für die Grundverwertungsgesellschaft Perlach, Aktiengesellschaft in München; nach dem Handelsregister des K. Amtsgerichts München, das ich eingesehen

habe und auf das ich Bezug nehme, ist er befugt, allein die Gesellschaft zu vertreten und für sie zu zeichnen.

2. Herr Anton Weiß, Baumeister in München, nach seiner Angabe im gesetzlichen Güterstande des BGB. lebend.

Beide sind mir, dem Notar, persönlich bekannt; sie ersuchten mich, folgendes zu beurkunden:

Die Grundverwertungsgesellschaft Perlach verkauft das in der Steuergemeinde München gelegene, im Grundbuche des K. Amtsgerichts München für Giesing Bd. 8, S. 312, Bl. 174 mit anderen Grundbesitzungen eingetragene Grundstück Pl.-Nr. 16 784, Acker zu 0,211 ha an Herrn Anton Weiß zu dessen Besitz und Eigentum um den vereinbarten Preis zu 40 000 *M* (m. W.).

II.

Das Grundstück ist nach rentamtlicher Bestätigung vom heutigen bodenzinsfrei. Dagegen ist auf dem Grundbuchblatte für die Bayerische Vereinsbank in München folgende Hypothek eingetragen: 100 000 *M* vierprozentiges Darlehen, bei nicht pünktlicher Rückzahlung mit 4 3/4 % vom vorletzten, dem Verfalltag vorausgehenden Zinstermin an verzinslich; bei Rückzahlung vor dem 1. Januar 1917 ist unbeschadet der Unkündbarkeit das Darlehens bis 1. August 1916 für die Zeit vom Rückzahlungstage bis zum 1. Januar 1917 eine Entschädigung von jährlich 1/2 % des Restkapitals zu zahlen. Im übrigen ist auf die Eintragungsbewilligung vom 8. Januar 1907 verwiesen.

III.

Der Kaufpreis zu 40 000 *M* wird ausgewiesen wie folgt:

1. Der Teilbetrag zu 2 000 *M* (m. W.) ist bezahlt; die Verkäuferin quittiert hierüber.
2. Ein Teilbetrag von 18 000 *M* (m. W.) wird dadurch getilgt, daß der Käufer in Anrechnung auf ihn von der oben genannten Hypothekforderung der Bayerischen Vereinsbank zu 100 000 *M* den Teilbetrag von 18 000 *M* zur Verzinsung von der Aufnahme eines Bankkapitals auf das Grundstück, spätestens aber vom 1. Juni 1909 (m. W.) an und zur vertragsmäßigen

Heimzahlung als persönliche Schuld übernimmt. Die Vertragsteile bewilligen und beantragen, daß der übernommene Hypothekteil als Gesamthypothek auf das Grundstück zur I. Rangstelle übertragen wird.

3. Der Kaufpreisrest zu 20000 *M* wird dem Käufer gestundet. Letzterer verpflichtet sich, ihn von der Aufnahme eines Bankkapitals auf das Grundstück, spätestens aber vom 1. Juni 1909 (m. W.) an mit jährlich 4 % (m. W.) zu verzinsen und bei Aufnahme eines Bankkapitals auf das Grundstück, spätestens aber am 1. Juni 1909 (m. W.) bar und kostenfrei zu bezahlen.

Für diesen Kaufpreisrest zu 20000 *M* samt Zinsen bestellt der Käufer der Verkäuferin Hypothek an dem Grundstück an III. Stelle nach Vorgang der übernommenen Hypothek zu 18000 *M* und eines weiteren heute auf das Grundstück aufgenommenen Darlehens zu 55000 *M* der Verkäuferin.

Der Käufer unterwirft sich wegen dieses Kaufpreisrestes zu 20000 *M* und den Nebenansprüchen hieraus der sofortigen Zwangsvollstreckung aus dieser Urkunde und zwar auch in der Weise, daß die Zwangsvollstreckung aus der Urkunde gegen den jeweiligen Eigentümer zulässig sein soll.

Der zu erteilende Hypothekenbrief soll dem amtierenden Notar zur Aushändigung an die Gläubigerin übersandt werden. Für den Fall, daß die hier bestellte Hypothek oder die ihr im Range vorgehenden Hypotheken sich ganz oder teilweise mit dem Eigentum in einer Person vereinigen, verpflichtet sich der Schuldner der Gläubigerin der Hypothek zu 20000 *M* gegenüber, diese Hypotheken löschen zu lassen; zur Sicherung dieses Anspruchs soll eine Vormerkung in das Grundbuch eingetragen werden.

IV.

Die Verkäuferin haftet dafür, daß das Grundstück von nicht übernommenen Hypotheken, sowie von Grund- und Rentenschulden frei ist, nicht aber für die Richtigkeit der Flächenangabe und für Freiheit von Dienstbarkeiten.

V.

Der Käufer trägt die Kosten. Der Verkäuferin ist eine vollstreckbare, dem Käufer eine einfache Ausfertigung zu erteilen.

Nutzen und Lasten gehen vom Tage der Rechtswirksamkeit dieses Vertrages auf den Käufer über.

Auf die Bestimmungen des § 416 BGB. über die Schuldübernahme wurden die Vertragsteile hingewiesen.

VI.

Die Übergabe soll am Tage der Rechtswirksamkeit dieses Vertrages erfolgen; die Wirksamkeit wird ausdrücklich von der Zustimmung des Kaufmanns Ernst Lang in München abhängig gemacht. Hat dieser nicht spätestens innerhalb drei Monaten, von heute an gerechnet, die Zustimmung erteilt, so soll sie als verweigert gelten; in diesem Falle hat die Verkäuferin die Kosten zu tragen, es müßte denn ein Verschulden des Käufers vorliegen.

VII.

Schließlich verpflichtet sich der Käufer, zugunsten der Verkäuferin vor dem 1. Januar 1915 (m. W.) auf dem Grundstück keine Wirtschaft irgend welcher Art zu errichten oder errichten zu lassen und belastet zur Sicherung dieser Verpflichtung das Grundstück zugunsten der Verkäuferin mit einer beschränkten persönlichen Dienstbarkeit.

Die Bestimmungen dieses Absatzes sind eine wesentliche Bedingung des Kaufvertrages, ohne welche dieser nicht zustande gekommen wäre. Vermerkt wird, daß der Notar vor der Beurkundung das Grundbuch eingesehen hat.

Vorgelesen 2c.

39. Zustimmungs-Erklärung.

Heute am . . . . erschien vor mir Karl Winkler, K. Notar zu München, an der Amtsstelle des K. Notariats München III

Herr Ernst Lang, Kaufmann in München, mir persönlich bekannt und erklärte mit dem Ersuchen um Beurkundung:

Ich stimme dem vorstehenden Kaufvertrag des K. Notariats . . . vom . . . Gesch.-Reg. Nr. . . ., von dessen Inhalt ich durch Selbstlesen Kenntnis genommen habe, zu und ersuche um Ausfertigung dieses Protokolls mit der Haupturkunde.

40. Auflassung.

Heute am . . . . erschienen vor mir Karl Winkler, K. Notar in München, an der Amtsstelle des K. Notariats München III

1. Herr Karl Jung, Kaufmann in München, handelnd für die Grundverwertungsgesellschaft Perlach, Aktiengesellschaft in München; nach dem Handelsregister des K. Amtsgerichts München, das ich eingesehen habe und auf das ich Bezug nehme, ist er befugt, allein die Gesellschaft zu vertreten und für sie zu zeichnen.
2. Herr Anton Weiß, Baumeister in München, nach seiner Angabe im gesetzlichen Güterstand des BGB. lebend.

Die Erschienenen sind mir, dem Notar, persönlich bekannt; sie ersuchten mich bei gleichzeitiger Anwesenheit, folgendes zu beurkunden:

I.

Die Erschienenen nehmen zunächst davon Kenntnis, daß Ernst Lang dem Kaufvertrag vom . . . zugestimmt hat, so daß dieser Vertrag Rechtswirksamkeit erlangt.

II.

Sodann erklären die Erschienenen:

1. Wir sind darüber einig, daß das Eigentum an dem im Grundbuche des K. Amtsgerichts München für Giesing Bd. 8, S. 312, Bl. 174 eingetragenen Grundstück Pl.-Nr. 16784 von der Grundverwertungsgesellschaft Perlach auf Anton Weiß übergeht und bewilligen und beantragen nach Maßgabe dieser Einigung die Eintragung des letzteren als Eigentümers im Grundbuche, sowie die Anlegung eines besonderen Grundbuchblattes für Pl.-Nr. 16784.
2. Ich Anton Weiß bewillige und beantrage, daß an dem vorbezeichneten Grundstück in Abt. III eingetragen wird:
   a) Hypothek für 20000 *M* Kaufpreisrest der Grundverwertungsgesellschaft Perlach, Aktiengesellschaft in München, mit Zinsen zu jährlich 4 % von der

Aufnahme eines Bankkapitals auf das Grundstück, spätestens aber vom 1. Juni 1909 an; das Kapital ist bei Aufnahme eines Bankkapitals auf das Grundstück, spätestens aber am 1. Juni 1909 zahlbar. Der jeweilige Eigentümer ist der sofortigen Zwangsvollstreckung aus der Urkunde gemäß § 800 ZPO. unterworfen;

b) Vormerkung zur Sicherung des Anspruchs der Gläubigerin der Hypothek zu 20 000 *M* auf Löschung dieser Hypothek und der ihr im Range vorgehenden Hypotheken zu 18 000 *M* und 55 000 *M*, wenn und soweit sie sich mit dem Eigentümer in einer Person vereinigen;

c) die Hypothek zu 20 000 *M* hat Rang nach den Hypotheken zu 18 000 *M* der Bayerischen Handelsbank und zu 55 000 *M* derselben Gläubigerin wie der Hypothek zu 20 000 *M*.

Weiter bewillige und beantrage ich, Anton Weiß, daß in Abt. II des Grundbuchs an Pl.-Nr. 16 784 eingetragen wird:

Beschränkte persönliche Dienstbarkeit zugunsten der Grundverwertungsgesellschaft Perlach, Aktiengesellschaft in München, wegen eines Wirtschaftsverbotes nach näherer Bezeichnung in der Eintragungsbewilligung, Urkunde des K. Notariats . . . . Diese Dienstbarkeit hat Rang nach den Hypotheken zu 18 000 *M* und 55 000 *M* und Gleichrang mit der Hypothek zu 20 000 *M*.

III.

Diese Urkunde ist mit der Haupturkunde auszufertigen; auf Bekanntgabe des Vollzugs wird verzichtet. Vermerkt wird, daß der Notar vor der Beurkundung das Grundbuch eingesehen hat.

Vorgelesen 2c.

41. Tauschvertrag.

Heute am . . . . erschienen vor mir Karl Winkler, K. Notar zu München, an der Amtsstelle des K. Notariats München III

1. Herr Hans Heim, Baumeister in München, laut diesamtlichen Ehe- und Erbvertrags vom . . . in Gütertrennung lebend,

2. Herr Karl Schirmer, Architekt in München, ledig, volljährig, handelnd für sich sowie für seine volljährigen, ledigen Geschwister Berta Schirmer, Kunstmalerin in München, und Wilhelm Schirmer, Arzt in München, auf Grund urschriftlich vorgelegter diesamtlicher Vollmachtsurkunde vom 21. Oktober 1905 GeschReg. Nr. 4022; laut dieser Urkunde ist er von den Genannten unter Befreiung von der Beschränkung des § 181 BGB. ermächtigt worden, sie in allen Rechtsangelegenheiten vor den Gerichten und Behörden zu vertreten, für sie insbesondere Verträge jeder Art unter beliebigen Bedingungen zu schließen und notariell beurkunden zu lassen, Verzichte zu erklären, die Auflassung zu erklären und entgegenzunehmen, in Hypotheken- und Grundbuchsachen alle erforderlichen und zulässigen Anträge zu stellen und dergleichen mehr.

Die beiden Erschienenen sind mir, dem Notar, persönlich bekannt; sie ersuchten mich bei gleichzeitiger Anwesenheit folgendes zu beurkunden:

I.

Karl Schirmer zur Hälfte und Berta und Wilhelm Schirmer zu je einem Viertel besitzen das in der Steuergemeinde Oberhausen gelegene, im Grundbuche des K. Amtsgerichts Augsburg für O. Bd. 14, S. 370, Bl. 861, eingetragene Grundstück Pl.-Nr. 390 Bauplatz von 1,022 ha.

Auf ihm und auf anderen Besitzungen der Genannten ist folgende Buchhypothek eingetragen:

20000 *M* (m. W.), Darlehen der Pfälzischen Handelsbank in Ludwigshafen a. Rh., durch $4^1/_2$ %ige (m. W.) halb am 1. Mai und halb am 1. November jedes Jahres mit je 450 *M* fällige Annuitäten in $55^1/_2$ Jahren tilgbar; dazu ist eine zehnprozentige Sicherungshypothek für Nebenansprüche eingetragen.

II.

Hans Heim besitzt das in der Steuergemeinde Augsburg gelegene im Grundbuche des K. Amtsgerichts Augsburg für Augsburg Lit. B Bd. 36, S. 379, Bl. 574, eingetragene Grundstück Pl.-Nr. 1810 Wohnhaus Nr. 9 an der Kaiserstraße mit Hofraum zu 0,054 ha.

Auf diesem Grundstück lasten folgende Hypotheken: unter Nr. 19/X: 133000 *M* (m. W.), Buchhypothek für ein Darlehen der Nürnberger Industriebank in Nürnberg, verzinslich zu 4 1/2 %, bei Zinsrückstand über 4 Wochen zu 4 3/4 %, zahlbar nach halbjähriger Kündigung; unter Nr. 16/VIII: 11000 *M* (m. W.), Briefhypothek für einen Kaufpreisrest des Rentners Karl Mack in Augsburg zu 4 % verzinslich und vierteljährlich kündbar.

III.

Karl Schirmer, Berta Schirmer und Wilhelm Schirmer vertauschen ihr Grundstück Pl.-Nr. 390 an Hans Heim und erhalten dafür von ihm das unter Ziff. II beschriebene Anwesen Haus-Nr. 9 an der Kaiserstraße und zwar Karl Schirmer zur Hälfte und Berta und Wilhelm Schirmer zu je einem Viertel.

IV.

Der Tauschwert der Pl.-Nr. 390 der Steuergemeinde Oberhausen beträgt 39000 *M* (m. W.). Der Tauschwert des Anwesens Haus-Nr. 9 an der Kaiserstraße beträgt 201000 *M* (m. W.).

V.

In Anrechnung auf den Tauschwert zu 201000 *M* übernehmen die Geschwister Schirmer die unter Ziff. II angeführten Hypotheken zu 133000 *M* und 11000 *M*; sie haben vom 1. November dieses Jahres an die Zinsen zu entrichten und die Kapitalien nach Maßgabe der festgesetzten Zahlungsbedingungen zu tilgen. Einen Teilbetrag des Tauschwertes von 10000 *M* (m. W.) haben sie bar bezahlt; Hans Heim bestätigt den Empfang.

Einen weiteren Teilbetrag zu 18000 *M* (m. W.) verpflichten sich die Geschwister Schirmer als Gesamtschuldner vom 1. November dieses Jahres an mit jährlich 4 % (m. W.) in halbjährigen am 1. Mai und 1. November jedes Jahres fälligen Teilbeträgen zu verzinsen und am 1. November 1914 (m. W.) ohne Kündigung bar und kostenfrei zu bezahlen.

Für die Forderung zu 18000 *M* und die Nebenansprüche bestellen die Schuldner dem Gläubiger an dem Anwesen Haus-Nr. 9 an der Kaiserstraße in Augsburg eine Hypothek, im Range nach den übernommenen Hypotheken; die Erteilung eines Briefes soll ausgeschlossen sein.

Die Schuldner unterwerfen sich in Ansehung der Forderung zu 18 000 *M* in Haupt- und Nebensache der sofortigen Zwangsvollstreckung und zwar auch in der Weise, daß die Zwangsvollstreckung aus der Urkunde gegen die jeweiligen Eigentümer zulässig ist.

Hans Heim übernimmt als persönlicher Schuldner zur vertragsmäßigen Verzinsung vom 1. November dieses Jahres an und zur annuitätenweisen Tilgung von diesem Tage an den Teilbetrag von 10 000 *M* von der im Grundbuche für Oberhausen Bd. 14, S. 370, Bl. 861 eingetragenen Bankhypothek zu 20 000 *M*. Dieser Betrag soll auf den Tauschwert zu 39 000 *M* angerechnet werden. Gleichzeitig erkennt er einen Teilbetrag von 1 000 *M* der Sicherungshypothek zu 2 000 *M* für die Nebenansprüche an.

Mit dem Tauschwertrest zu 29 000 *M*, der hiernach bleibt, rechnet Hans Heim gegen den gleich hohen Tauschwertrest auf, der sich nach den vorstehenden Vereinbarungen für das Anwesen Haus-Nr. 9 an der Kaiserstraße in Augsburg ergibt.

Auf die Vorschrift des § 416 BGB. über die Schuldübernahme wurden die Vertragsteile hingewiesen.

VI.

Den nicht übernommenen Hypothekteil zu 10 000 (1 000) *M* an Pl.-Nr. 390 der Steuergemeinde Oberhausen verpflichten sich die Geschwister Schirmer auf ihre Kosten wegzufertigen.

VII.

Die Vertragsteile weisen sich gegenseitig in den Besitz der vertauschten Grundstücke ein und übernehmen Nutzen und Lasten je vom 1. November dieses Jahres an. Sie tragen die Kosten je zur Hälfte. Die Geschwister Schirmer erhalten eine Ausfertigung, Hans Heim erhält für den Kaufpreisteil zu 18 000 *M* eine vollstreckbare Ausfertigung. Den beteiligten Banken ist je eine beglaubigte Abschrift zu erteilen. Nach Bestätigung des Rentamts vom heutigen sind die Grundstücke bodenzinsfrei.

VIII.

Auf Grund des vorstehenden Vertrages erklären die Erschienenen weiter:

Wir sind einig darüber, daß das Eigentum an

a) dem im Grundbuch des K. Amtsgerichts Augsburg für Augsburg Lit. B Bd. 36, S. 379, Bl. 574, eingetragenen Anwesen Haus-Nr. 9 an der Kaiserstraße in Augsburg von Hans Heim auf Karl Schirmer zur Hälfte und Berta und Wilhelm Schirmer zu je einem Viertelsanteil,

b) dem im Grundbuch des K. Amtsgerichts Augsburg für Oberhausen Bd. 14, S. 370, Bl. 861, eingetragenen Grundstück Pl.-Nr. 390 von Karl, Berta und Wilhelm Schirmer auf Hans Heim

übergehen soll. Wir bewilligen und beantragen die Eintragung der neuen Eigentümer in das Grundbuch und die Einschreibung der unter a) angegebenen Anteilsrechte von Karl, Berta und Wilhelm Schirmer.

Karl Schirmer zugleich namens seiner Vollmachtgeber Berta und Wilhelm Schirmer bewilligt und beantragt die unter Ziff. V für den Kaufpreisteil zu 18000 *M* bestellte Hypothek ohne Brief mit den Zins- und Zahlungsbestimmungen und der dinglichen Vollstreckungsklausel an dem Anwesen Haus-Nr. 9 an der Kaiserstraße auf dem oben angegebenen Grundbuchblatte einzutragen. Vermerkt wird, daß der Notar vor der Beurkundung das Grundbuch eingesehen hat.

Vorgelesen 2c.

42. Angebot zu einem Kaufvertrage.

Heute am . . . . erschien vor mir Karl Winkler, K. Notar zu München, an der Amtsstelle des K. Notariats München III

Herr Karl Weiler, Realitätenbesitzer in München, ledig, volljährig, mir persönlich bekannt und ersuchte, folgende Erklärung zu beurkunden:

Herr Karl Weiler bietet der Nürnberger Industriebank, Aktiengesellschaft in Nürnberg, die Schließung eines Kaufvertrages an.

I.

Karl Weiler verkauft das in der Steuergemeinde Schwabing gelegene, im Grundbuche des K. Amtsgericht München für Schwabing Bd. 18, S. 572, Bl. 58 eingetragene Grundstück Pl.-Nr 921 Bauplatz zu 0,095 ha an die Nürnberger Industriebank unter folgenden Bedingungen.

II.

Der Kaufpreis beträgt 15 400 *M* (m. W.). Die Käuferin übernimmt in Anrechnung darauf die auf dem Grundstück für die Bayerische Bank in Würzburg eingetragene durch $4\frac{1}{2}$%ige (m. W.) Annuitäten am 1. Juni und am 1. Dezember jedes Jahres tilgbare Darlehensbuchhypothek zu 13 000 *M* (m. W.) als persönliche Schuld zur vertragsmäßigen Verzinsung und annuitätenweisen Tilgung vom 1. April 1909 (m. W.) an; die Gutmachungen durch die bisher erfolgte Zahlung von Annuitäten sollen der Käuferin ohne weiteres Entgelt zugute kommen. Die 10%ige Sicherungshypothek für Nebenansprüche übernimmt die Käuferin ohne Anrechnung auf den Kaufpreis. Der Verkäufer überträgt auf die Käuferin alle Rechte, die er in Ansehung der Hypothek durch die bisherigen Annuitätenleistungen erworben hat und bewilligt ihre Umschreibung im Grundbuch auf die Käuferin.

Die nach § 416 BGB. erforderliche Mitteilung der Schuldübernahme an die Gläubigerin wird der Verkäufer besorgen.

Durch die Hypothekübernahme werden am Kaufpreis 13 000 *M* getilgt. Der Rest zu 2 400 *M* gilt als durch Aufrechnung getilgt.

III.

Der Verkäufer haftet dafür, daß das Grundstück von nicht übernommenen Hypotheken, Grund- und Rentenschulden und Dienstbarkeiten frei ist, nicht aber für die Richtigkeit der Flächenangabe.

Nach der Bestätigung des Rentamts vom heutigen ist das Grundstück bodenzinsfrei.

Die Besitzübergabe gilt als erfolgt, sobald die Auflassung erfolgt ist. Nutzen und Lasten übernimmt die Käuferin vom 1. April 1909 (m. W.) an. Sie trägt die Kosten der

Beurkundung des Antrags, der Annahme, der Auflassung und des Vertragsvollzuges und erhält Ausfertigung. Der beteiligten Bank ist eine beglaubigte Abschrift zu erteilen.

IV.

Zur Annahme dieses Kaufantrages wird eine Frist von vier Wochen bestimmt, die von heute an läuft.

Vermerkt wird, daß der Notar vor der Beurkundung das Grundbuch eingesehen hat.

Vorgelesen 2c.

43. Annahme des Angebots zu einem Kaufvertrage. — Auflassung.

Heute am . . . . erschienen vor mir Karl Winkler, K. Notar zu München, an der Amtsstelle des K. Notariats München III

1. Herr Karl Weiler, Realitätenbesitzer in München,
2. Herr Karl Müller, Kaufmann in München, handelnd für die Nürnberger Industriebank, Aktiengesellschaft in Nürnberg, auf Grund urschriftlich vorgelegter Vollmacht des K. Notariats Nürnberg II vom 1. September 1908 GeschReg. Nr. 2507. In der Vollmacht ist festgestellt, daß der Notar das Handelsregister des K. Amtsgerichts Nürnberg eingesehen hat und daß die hiernach zur Vertretung genannter Aktiengesellschaft und Zeichnung für sie befugten Herren N. N. den Herrn Karl Müller ermächtigt haben, diese Aktiengesellschaft in allen Rechtsangelegenheiten vor Gerichten und Behörden zu vertreten, für sie insbesondere 2c. 2c.

Die Erschienenen sind mir, dem Notar, persönlich bekannt; sie ersuchten mich bei gleichzeitiger Anwesenheit folgendes zu beurkunden:

I.

Herr Karl Müller nimmt namens der von ihm vertretenen Aktiengesellschaft von dem Kaufangebote des Herrn Karl Weiler vom . . . . Kenntnis und nimmt es in allen Punkten an; davon nimmt Herr Karl Weiler Kenntnis.

II.

Auf Grund des nun zustande gekommenen Kaufvertrages erklären die Erschienenen weiter, darüber einig zu sein, daß das Eigentum an dem im Grundbuche des K. Amtsgerichts München für Schwabing Bd. 18, S. 572, Bl. 58 eingetragenen Grundstück Pl.-Nr. 921 von Karl Weiler auf die Nürnberger Industriebank, Aktiengesellschaft in Nürnberg, übergehen soll; sie bewilligen und beantragen die Eintragung der letzteren als Eigentümerin im Grundbuche und verzichten auf Bekanntgabe des Vollzugs.

III.

Die Urkunde ist mit der Haupturkunde auszufertigen. Vermerkt wird, daß der Notar vor der Beurkundung das Grundbuch eingesehen hat.

Vorgelesen 2c.

44. Uebergabsvertrag.

Heute am . . . . erschienen vor mir Karl Winkler, K. Notar zu München, an der Amtsstelle des K. Notariats München III

1. Peter und Marie Bachmann, Bauerseheleute in Allach, in vertragsmäßiger allgemeiner Gütergemeinschaft lebend,
2. ihr lediger volljähriger Sohn Alois Bachmann; alle sind mir, dem Notar, persönlich bekannt. Sie ersuchten mich bei gleichzeitiger Anwesenheit folgendes zu beurkunden:

I.

Die Eheleute Peter und Maria Bachmann übergeben ihr in der Steuergemeinde Allach gelegenes, im Grundbuche des K. Amtsgerichts München für Allach Bd. 4, S. 347, Bl. 587 und Bd. 6, S. 428, Bl. 697 eingetragenes Anwesen Haus-Nr. 20 in Allach bestehend aus

Pl.-Nr. 69 Wohnhaus, Stall 2c. zu 0,070 ha,

Pl.-Nr. 1489 Moos zu 0,346 ha 2c.

an ihren Sohn Alois Bachmann zu Besitz und Eigentum. Auf diesem Anwesen ist im Grundbuch eingetragen:

1. auf Pl.-Nr. 69 eine Grunddienstbarkeit zugunsten der Pl.-Nr. 70 der Steuergemeinde Allach, ferner folgende Hypotheken:
   a) Darlehen der Stadtgemeinde Freising zu 2428,57 *M* (m. W.) mit 5 % am 1. April jedes Jahres verzinslich und halbjährig kündbar.
   b) Darlehen des Krämers Karl Lang in München zu 300 *M* (m. W.), mit 5 % verzinslich und halbjährig kündbar.
2. auf den übrigen Pl.-Nrn. ein jährlicher Bodenzins von 2 Pfg. pro Dezimale zur Gemeindekasse Allach, ablösbar mit dem fünfundzwanzigfachen Betrage und eine Grunddienstbarkeit zugunsten des Staatsärars, betreffend den Würmfluß.

Nach der Bestätigung des Rentamts von heute ist das Vertragsanwesen bodenzinsfrei.

II.

Mitübergeben ist das gesamte lebende und tote Haus- und Gutsinventar. Die Übergeber behalten sich jedoch die schon ausgewählte und den Vertragsteilen bekannte Einrichtung der Austragsstuben zur unentgeltlichen lebenslänglichen Benützung vor.

III.

Der Übergabspreis beträgt 6000 *M* (m. W.); davon werden zur Gebührenbewertung 1 000 *M* (m. W.) auf die Fahrnis ausgeschieden.

Dieser Übergabspreis wird ausgewiesen und gezahlt wie folgt:

1. Der Übernehmer verpflichtet sich an die Übergeber an seinem Hochzeitstage den unverzinslichen Barbetrag von 100 *M* (m. W.) zu zahlen. Auf Sicherung wird verzichtet.
2. Der Übernehmer verpflichtet sich den Übergebern unentgeltlich folgenden lebenslänglichen Austrag zu leisten:
   a) Der Übernehmer gewährt den Übergebern das ausschließliche freie Wohnungsrecht in der Parterrestube des Anwesens und das Recht zur Mitbenutzung der gemeinsamen Wohnstube. Die Parterrestube,

welche nicht heizbar ist, hat der Übernehmer in bewohnbarem Zustande zu erhalten. Sollten die Übergeber im übergebenen Anwesen nicht wohnen können oder wollen, so hat der Übernehmer an die Übergeber oder an den Längstlebenden von ihnen eine monatlich vorauszahlbare Mietentschädigung von 6 *M* (m. W.) zu leisten.

Für das Wohnungsrecht bestellt der Übernehmer den Übergebern an der Pl.-Nr. 69 eine beschränkte persönliche Dienstbarkeit nach Vorgang einer Dienstbarkeit und im Gleichrang mit den hier weiter bestellten Rechten.

b) Die Übergeber erhalten die tägliche Kost am Tische des Übernehmers, wie sie ihren Gesundheits- und Altersverhältnissen angemessen ist. Erkrankt eines der Übergeber, so hat der Übernehmer jeweils vierzehn Tage lang die Kosten für Arzt und Apotheker zu tragen. An jedem Quatember hat jeder der beiden Übergeber in bar 1,25 *M* (m. W.) zu beanspruchen.

Sollten die Übergeber vom Anwesen wegziehen, so haben sie an Stelle der täglichen Tischkost zu beanspruchen:

täglich einen Liter Milch, ein halb Pfund Fleisch und in der Zeit von Georgi bis Michaeli ein Ei, monatlich 5 Pfund Mehl, ein Pfund Schmalz und eine Mark in bar, jährlich ein Hektoliter Kartoffel, drei Ster Scheitholz zweiter Qualität und zehn Zentner Torf, endlich je an Kirchweih und Weihnachten zwei Pfund Schweineschmalz oder zwei Pfund Kalbfleisch je nach Wahl der Übergeber.

Dieser Austrag ist den Übergebern auf Verlangen fünf Kilometer weit nachzuliefern. Im Falle des Ablebens eines der Übergeber ist dem Überlebenden nur einhalb Liter Milch, zwei Pfund Mehl und ein Pfund Schweineschmalz oder Kalbfleisch zu den angegebenen Zeiten zu liefern, während die übrigen nur beim Wegzug zu gewährenden Leistungen auch der Überlebende ganz zu beanspruchen hat.

Zur Sicherung der unter b) vereinbarten Ansprüche bestellt der Übernehmer eine Reallast auf dem ganzen Anwesen, die mit dem Betrage von 1 500 *M* (m. W.) ablösbar[1]) ist nach Vorgang je einer Dienstbarkeit auf beiden oben angegebenen Grundbuchblättern und einem Bodenzins auf dem an zweiter Stelle genannten Grundbuchblatt und im Gleichrang mit den sonst nach diesem Vertrage bestellten Rechten.

3. Der Übernehmer verpflichtet sich, die Übergeber standesgemäß je mit Seelenamt nebst zwei Beimessen beerdigen zu lassen, wofür im ganzen 140 *M* angesetzt werden.

Zur Sicherung der Beerdigungskosten bestellt der Übernehmer auf dem ganzen Anwesen eine Sicherungshypothek bis zum Höchstbetrage von 140 *M*; sie soll den gleichen Rang haben, wie die anderen Ansprüche.

4. Weiter verpflichtet sich der Übernehmer an seinen Bruder Ludwig Bachmann, Taglöhner in Allach, an dessen Hochzeitstage den unverzinslichen Betrag von 100 *M* (m. W.) zu bezahlen. Diese Verpflichtung fällt weg, wenn sich Ludwig Bachmann nicht verheiratet. Außerdem räumt der Übernehmer seinem genannten Bruder für die Dauer des ledigen Standes das Unterschlupfsrecht im übergebenen Anwesen ein.

Auf Sicherung dieser Rechte und Ansprüche des Ludwig Bachmann wird trotz eingehender Belehrung verzichtet.

5. Der Übernehmer darf sich den Teil des Übergabspreises, der durch die vorstehenden Verpflichtungen nicht ausgewiesen ist, als Gutsvorteil zugute rechnen; auf seinen Erb- und Pflichtteil am Nachlasse der Eltern ist er nicht anzurechnen.

IV.

Die Übergabe ist heute erfolgt, die Nutzungen und öffentlichen Lasten gehen auf den Übernehmer über, wie sie

[1]) Die Festsetzung einer Ablösungssumme wäre hier nicht unbedingt notwendig. Art. 85 Abs. 2 des Bayer. Ausführungsgesetzes zum BGB. betrifft nur solche Reallasten, die außerhalb eines Leibgedinges bestellt werden.

laufen. Der Übernehmer trägt die Kosten, die Vertragsteile erhalten je eine Ausfertigung. Die Übergeber haften nur dafür, daß die Grundstücke alsbald von Hypotheken befreit werden.

V.

Auf Grund des vorstehenden Vertrages erklären die Erschienenen weiter:

1. Wir, Peter und Marie Bachmann, bewilligen und beantragen, daß in das Grundbuch des K. Amtsgerichts München für Allach Bd. 4, Bl. 587 und Bd. 6, Bl. 697 je in Abteilung I eingetragen wird, daß wir Miteigentümer in allgemeiner Gütergemeinschaft sind.[2])
2. Wir, Peter und Marie Bachmann, stimmen der Löschung der im Grundbuch Bd. 4, Bl. 587 in Abt. III unter Nr. 1/I und 2/II eingetragenen Hypotheken zu 2428 *M* 57 Pfg. und 300 *M* je mit 10% Nebensachesicherungshypothek zu und beantragen den Vollzug durch das Grundbuchamt.
3. Wir, Peter und Marie Bachmann und Alois Bachmann, sind darüber einig, daß das Eigentum an dem im Grundbuche des K. Amtsgerichts München für Allach Bd. 4, S. 347, Bl. 587, Bd. 6, S. 428, Bl. 697 eingetragenen Grundbesitz von Peter und Marie Bachmann auf Alois Bachmann übergeht und bewilligen und beantragen die Eintragung des Letzteren als Eigentümers im Grundbuche.
4. Ich, Alois Bachmann, bewillige und beantrage, daß für den gesamten oben beschriebenen Grundbesitz ein gemeinschaftliches Grundbuchblatt angelegt und auf letzterem für die Bauerseheleute Peter und Marie Bachmann in Allach in allgemeiner Gütergemeinschaft eingetragen wird:
   a) in Abt. II: Wohnungsrecht an Pl.-Nr. 69, ferner Leibgeding, beides nach näherer Bezeichnung in der Eintragungsbewilligung, Urkunde des K. Notariats ... Zur Löschung des Leibgedings soll der Nachweis des Todes der Berechtigten genügen.[3])

[2]) notwendig nach § 19 GBO.
[3]) § 23 GBO.

b) in Abt. III: Sicherungshypothek bis zum Höchstbetrage von 140 *M* zur Sicherung der Beerdigungskosten nach näherer Bezeichnung in der Eintragungsbewilligung.

Vermerkt wird, daß der Notar vor der Beurkundung das Grundbuch eingesehen hat.

Vorgelesen 2c.

45. Verträge über Grundabtretung an eine Gemeinde.

Heute am . . . . erschienen vor mir Karl Winkler, K. Notar zu München, an der Amtsstelle des K. Notariats München III

1. Herr Heinrich Devora, Stadtkämmerer in Augsburg, handelnd für die Stadtgemeinde Augsburg auf Grund der hier als Anlage beizuheftenden Vollmacht des Stadtmagistrats Augsburg vom 8. Oktober 1908,
2. die unten einzeln aufgeführten Grundeigentümer und Vertreter von solchen,

und ersuchten mich folgendes zu beurkunden.

A.

Die unten bezeichneten Grundeigentümer treten nach Maßgabe des vorliegenden, amtlich geprüften Auszugs aus dem Messungsverzeichnis Nr. 53/1908 die unten näher beschriebenen Flächen von Grundstücken der Steuergemeinde Augsburg um die dort beigesetzten Entschädigungen unter folgenden Bedingungen an die Stadtgemeinde Augsburg, vertreten durch Herrn Heinrich Devora, zu Eigentum ab.

I.

Der Besitz ist schon an die Stadtgemeinde Augsburg übergegangen; ihr gebühren die Nutzungen vom 1. Juli 1908 (m. W.) an; von da an hat sie auch die Steuern, Abgaben und sonstigen öffentlichen Lasten mit Einschluß der Bodenzinse zu tragen. Von dem Inhalte der mit den einzelnen Verträgen verlesenen, hier beizuheftenden rentamtlichen Bodenzinszeugnisse vom . . . . nehmen die Beteiligten Kenntnis und bestätigen die Bekanntgabe.

II.

Die Grundeigentümer haben die Flächen spätestens am 1. Oktober 1908 von Hypotheken frei zu machen, soweit das erforderlich ist. Die Urkunde soll dem Grundbuchamt erst vorgelegt werden, wenn dies geschehen ist.

III.

Die Stadtgemeinde verpflichtet sich, die Erwerbspreise innerhalb vier Wochen von heute an ohne Zins und Sicherung bar an die Grundeigentümer zu bezahlen.

IV.

Die Stadtgemeinde Augsburg trägt sämtliche Kosten und erhält eine Ausfertigung dieser Urkunde.

Die Abtretenden verzichten, soweit sie nicht zufolge der Anträge bei den einzelnen Verträgen ebenfalls Ausfertigungen erhalten, auf die Bekanntgabe des Vollzugs.

B.

Auf Grund dieses Vertrages erklären bei gleichzeitiger Anwesenheit die einzelnen Vertragsbeteiligten, darüber einig zu sein, daß das Eigentum an den nachbezeichneten Flächen auf die Stadtgemeinde Augsburg übergeht und bewilligen und beantragen die Eintragung der letzteren als Eigentümerin im Grundbuche.

C.

Der vorstehende Teil der Urkunde wurde allen Beteiligten, welche bei den einzelnen Verträgen unterschreiben, vom Notare vorgelesen. Es treten ab:

I.

Die Evangelischen Unterstützungskassen in Augsburg, vertreten durch den erschienenen Herrn Ludwig Sieber, Stiftungsbuchhalter in Augsburg, auf Grund der hier in Urschrift beizuheftenden Vollmacht des Stadtmagistrats Augsburg vom heutigen:

aus ihrem im Grundbuche des K. Amtsgerichts Augsburg für . . . . . eingetragenen Grundstück

Pl.-Nr. 2543, Acker zu 0,451 ha die weggemessene Teilfläche von 0,011 ha um den Preis von 350 *M* (m. W.).

Den hier Beteiligten vom Notare vorgelesen, von ersteren genehmigt und eigenhändig unterschrieben.

II.

Der Studienfond Sankt Stephan in Augsburg, vertreten durch den Administrator, Herrn Rechnungsrevisor Josef Bräundl in Augsburg, aus dem im Grundbuche wie vor Bd. . . . hypothek- und lastenfrei eingetragenen Grundstück

Pl.-Nr. 3628, Acker zu 0,594 ha die weggemessene Fläche von 0,032 ha um die Entschädigung von 235 *M* (m. W.); der Veräußerer erhält eine Ausfertigung. Hierzu wird vom Notare festgestellt, daß die K. Regierung von Schwaben und Neuburg mit Entschließung vom 3. Juli 1908, welche bei der Beurkundung in Urschrift vorlag, die Abtretung genehmigt hat.

Den hier Beteiligten vom Notare vorgelesen, von ersteren genehmigt und eigenhändig unterschrieben.

III.

Herr Martin und Frau Marie Bullinger, Gutsbesitzersehegatten in München, nach diesamtlichem Ehevertrag vom 11. Oktober 1901 GeschReg. Nr. 1174 in allgemeiner Gütergemeinschaft lebend, aus ihrem im gleichen Grundbuche wie vor Bd. . . . vorgetragenen Grundstück

Pl.-Nr. 2681, Acker zu 3,540 ha die weggemessene Fläche von 0,053 ha um die Entschädigung von 400 *M* (m. W.).

Den hier Beteiligten vom Notare vorgelesen, von ersteren genehmigt und eigenhändig unterschrieben.

Vermerkt wird, daß der Notar vor der Beurkundung das Grundbuch eingesehen hat.

Vorgelesen ꝛc.

46. Vertrag über die Veräusserung eines Nachlassgrundstücks durch den Testamentsvollstrecker.

Heute am . . . . erschien vor mir Karl Winkler, K. Notar zu München, an der Amtsstelle des K. Notariats München III

1. Herr Dr. Wilhelm Ritter, praktischer Arzt in München, unter Vorlegung eines Zeugnisses des K. Amtsgerichts

München vom 22. Juli 1908, dem zufolge er, wie auch amtsbekannt ist, zum Testamentsvollstrecker des am 3. März 1908 in München vorstorbenen Rentiers Gabriel Bosch ernannt worden ist.

2. Herr Karl Vogt, Kaufmann in München, handelnd für Herrn Eduard Frey, Kunstanstaltsbesitzer in Bamberg, auf Grund urschriftlich vorgelegter Vollmacht. . .

Beide sind mir, dem Notar, persönlich bekannt und ersuchten mich bei gleichzeitiger Anwesenheit folgendes zu beurkunden:

I.

Zum Nachlasse des am 3. März 1908 verstorbenen Rentiers Gabriel Bosch gehören auch die drei Viertelsanteile an den in der Steuergemeinde Fr . . . gelegenen, im Grundbuche des K. Amtsgerichts München für Fr . . . eingetragenen Grundstücken Pl.-Nr. . . . (folgt Beschreibung) . . . die nach Bestätigung des Rentamts vom 21. März 1909 bodenzinsfrei sind.

II.

Herr Dr. Wilhelm Ritter als Testamentsvollstrecker des Gabriel Bosch tritt diese Dreiviertelsanteile an Herrn Eduard Frey zu dem von diesem bereits erworbenen Viertelsanteil um den Preis von 75000 *M* (m. W.) ab.

III.

Eduard Frey verpflichtet sich, diesen Erwerbspreis von heute an mit jährlich 4 % (m. W.) halb am 1. (m. W.) April und halb am 1. (m. W.) Oktober jeden Jahres zu verzinsen und ein Jahr nach der Kündigung, die für den Gläubiger bis zum 1. April 1914 (m. W.) ausgeschlossen ist, zu bezahlen. Der Erwerber darf jedoch den Erwerbspreis jederzeit in bar oder in mündelsicheren Wertpapieren zum Tageskurse bezahlen.

IV.

Für diesen Erwerbspreis zu 75000 *M* samt Zinsen bestellt der Erwerber eine Hypothek an den Grundstücken an erster Stelle. Die Erteilung eines Hypothekenbriefes wird ausgeschlossen. Der Schuldner unterwirft sich in Ansehung des Kapitals und der Zinsen der sofortigen Zwangsvollstreckung und zwar auch in der Weise, das die Zwangsvollstreckung aus der Urkunde gegen den jeweiligen Eigentümer zulässig ist.

V.

Von dem Erwerbspreis zu 75 000 *M* tritt Herr Dr. Wilhelm Ritter als Testamentsvollstrecker folgende Beträge mit den Zinsen vom heutigen Tage an und allen Rechten ab, wobei er nur für den Bestand der Forderung haftet:

a) den Betrag von 25 000 *M* (m. W.) an Wilhelm Bosch, Kaufmann in Regensburg, Fritz Bosch, Hauptmann in Nürnberg, und Marie Putz, Regierungsratsgattin in Landshut, zu unter sich gleichen Anteilen:

b) den Betrag von 25 000 *M* (m. W.) an Paul Bosch, praktischer Arzt in Ingolstadt, Robert Bosch, Kaufmann in München, und Christof Bosch, Ingenieur in Augsburg, zu unter sich gleichen Anteilen.

VI.

Die Besitzübergabe ist erfolgt, Nutzen und Lasten gehen von heute an auf den Erwerber über. Letzterer erhält eine Ausfertigung. Die Kosten fallen dem Nachlaß des Gabriel Bosch zur Last.

VII.

Auf Grund des vorstehenden Vertrages erklären die Erschienenen bei gleichzeitiger Anwesenheit weiter, darüber einig zu sein, daß das Eigentum an den drei Viertelsanteilen an den oben unter Ziff. I beschriebenen Grundstücken von den Erben des Gabriel Bosch auf Eduard Frey übergeht, und bewilligen und beantragen nach Maßgabe dieser Einigung die Eintragung des Letzteren als Eigentümer im Grundbuche. Karl Vogt namens des Eduard Frey bewilligt und beantragt, daß an den oben unter Ziff. I beschriebenen ganzen Grundstücken in das Grundbuch eingetragen wird:

Hypothek ohne Brief für 75 000 *M* Abtretungspreis mit jährlich 4 % am 1. April und 1. Oktober jedes Jahres verzinslich und einjährig kündbar. Die Kündigung durch den Gläubiger ist bis zum 1. April 1914 ausgeschlossen. Der jeweilige Eigentümer ist der sofortigen Zwangsvollstreckung unterworfen.

An dieser Hypothek sind zu gleichen Anteilen (je ein Drittel) berechtigt:

1. die Erben des Rentiers Gabriel Bosch in München zu unter sich gleichen Anteilen,
2. Wilhelm Bosch, Kaufmann in Regensburg, Fritz Bosch, Hauptmann in Nürnberg, und Maria Putz, Regierungsratsgattin in Landshut, zu unter sich gleichen Drittelsanteilen,
3. Paul Bosch, praktischer Arzt in Ingolstadt, Robert Bosch, Kaufmann in München, und Christof Bosch, Ingenieur in Augsburg, zu unter sich gleichen Drittelsanteilen.

Auf Bekanntgabe des Vollzugs wird verzichtet. Vermerkt wird, daß der Notar vor der Beurkundung das Grundbuch eingesehen hat.

Vorgelesen ꝛc.

47. Vertrag über Aufhebung einer Gemeinschaft.

Heute am . . . . erschienen vor mir Karl Winkler, K. Notar zu München, an der Amtsstelle des K. Notariats München III

1. Herr Max Pickl, Kaufmann,
2. Herr Josef Meier, Maurer,
3. Herr Hans Ingler, Maurer,

alle in München wohnhaft, ledig, volljährig, und mir, dem Notar, persönlich bekannt und ersuchten mich bei gleichzeitiger Anwesenheit, folgendes zu beurkunden:

I.

Hans Ingler und Josef Meier besitzen als Miteigentümer zu gleichen Hälfteanteilen die in der Steuergemeinde Grünwald liegenden, im Grundbuch des K. Amtsgerichts München für Grünwald Bd. 19, S. 332, Bl. 1007 eingetragenen Grundstücke

Pl.-Nr. $449^{1}/_{6}$ Gartenland zu 0,341 ha

Pl.-Nr. $449^{1}/_{29}$ desgleichen zu 0,340 ha.

Auf diesen Grundstücken ist im Grundbuch unter Ziff. 2/II der 3. Abt. eingetragen:

4000 *M* Buchhypothek für eine Kaufpreisforderung des Kaufmanns Max Pickl in München mit Zinsen seit 11. August 1908 und zwar zu jährlich 2 % drei Jahre lang aus 2000 *M*, im übrigen zu 4 %.

Ferner ist an dem Hälfteanteil des Josef Meier an obigen Grundstücken eingetragen:

700 *M* Buchhypothek für ein Darlehen des Sebastian Müller, Krämer in Grünwald, mit 5 % Zinsen seit 1. Mai 1909.

II.

Unter Aufhebung des Gemeinschaftsverhältnisses vereinbaren Josef Meier und Hans Ingler, daß künftig ersterer das Grundstück Pl.-Nr. 449 1/6 und Hans Ingler das Grundstück Pl.-Nr. 449 1/29 zum Alleineigentum besitzen sollen, und weisen sich gegenseitig in den Alleinbesitz dieser Grundstücke ein. Die Erwerber übernehmen Nutzungen und öffentliche Lasten der ihnen zugewiesenen Grundstücke, wie sie anfallen oder eingehoben werden. Die Erwerber tragen die Kosten je zur Hälfte und erhalten je eine Ausfertigung dieser Urkunde. Nach Bestätigung des Rentamts vom heutigen sind die Grundstücke bodenzinsfrei.

III.

Der Wert der Grundstücke Pl.-Nr. 449 1/6 und 449 1/29 wird auf 4000 *M* (m. W.) angeschlagen.

IV.

Von der Hypothek des Max Pickl zu 4000 *M* haben Hans Ingler und Josef Meier schon nach diesamtlicher Urkunde vom . . . je den Teilbetrag von 2000 *M* als persönliche Schuldner übernommen und zwar je 1000 *M* von den 3 Jahre lang mit 2 % verzinslichen 2000 *M* und je 1000 *M* aus dem übrigen Kaufpreisrest zu 2000 *M*.

V.

Demgemäß verteilen nun Max Pickl einerseits und die Schuldner Hans Ingler und Josef Meier andererseits diese Hypothek zu 4000 *M* auf die beiden Pfandobjekte Pl.-Nr. 449 1/6 und 449 1/29 in der Weise, daß je an erster Stelle zu stehen kommen:

a) auf Pl.-Nr. 449 1/6 ein Teilbetrag von 2000 *M*
b) auf Pl.-Nr. 449 1/29 ein Teilbetrag von 2000 *M*.

Hans Ingler und Josef Meier verpfänden ausdrücklich die ihnen hiermit zugeteilten Grundstücke Pl.-Nr. 449 1/29 und 449 1/6 für die Forderungsteile samt den Nebenansprüchen und unterwerfen sich der sofortigen Zwangsvollstreckung in der Weise, daß die Zwangsvollstreckung aus der Urkunde gegen den jeweiligen Eigentümer der Pl.-Nr. 449 1/29 und 449 1/6 zulässig ist.

Die Vertragsteile bewilligen und beantragen für die Grundstücke Pl.-Nr. 449 1/29 und 449 1/6 je ein eigenes Grundbuchblatt anzulegen und auf diese Grundbuchblätter die hier verteilten Hypotheken zu je 2000 *M* mit den Zins- und Zahlungsbestimmungen und der dinglichen Zwangsvollstreckungsklausel je an 1. Stelle einzutragen.

VI.

Insoweit die Gläubiger die Löschung der auf den Grundstücken zurzeit eingetragenen Hypotheken bewilligen, stimmen die Vertragsteile jetzt schon zu und beantragen den Vollzug der Löschungsbewilligungen.

VII.

Die bisher an dem Hälfteanteil des Josef Meier an den Pl.-Nr. 449 1/6 und 449 1/29 eingetragene Hypothek zu 700 *M* wird mit gesonderter Urkunde[1]) auf Pl.-Nr. 449 1/6 übertragen und im übrigen gelöscht werden; Josef Meier bleibt für diese Hypothek nach wie vor als alleiniger Schuldner haftbar.

VIII.

Auf Grund des vorstehenden Vertrages erklären Hans Ingler und Josef Meier weiter:

Wir sind darüber einig, daß das Eigentum an den im Grundbuche des K. Amtsgerichts München für Grünwald Bd. 19, S. 332, Bl. 1007, eingetragenen Grundstücken
a) Pl.-Nr. 449 1/6 von Hans Ingler und Josef Meier auf Josef Meier
b) Pl.-Nr. 449 1/29 von Hans Ingler und Josef Meier auf Hans Ingler

als Alleineigentümer übergeht; wir bewilligen und beantragen

[1]) Siehe das Beispiel in der nächsten Nummer.

die Eintragung der neuen Eigentümer im Grundbuche. Vermerkt wird, daß der Notar vor der Beurkundung das Grundbuch eingesehen hat.

Vorgelesen rc.

48. Uebertragung einer Hypothek auf ein anderes Grundstück.

Heute am . . . . erschienen vor mir Karl Winkler, K. Notar zu München, an der Amtsstelle des K. Notariats München III

1. Herr Sebastian Müller, Krämer in Grünwald,
2. Herr Josef Meier, Maurer in München,

beide mir, dem Notar, persönlich bekannt und ersuchten mich, folgendes zu beurkunden:

An dem Hälfteanteil des Josef Meier an den im Grundbuche des K. Amtsgerichts München für Grünwald Bd. 19, S. 332, Bl. 1007 eingetragenen Grundstücken Pl.-Nr. 449 $^{1}/_{6}$ und 449 $^{1}/_{29}$ ist für Sebastian Müller an zweiter Stelle nach 4000 *M* Buchhypothek, welche auf den ganzen Grundstücken Pl.-Nrn. 449 $^{1}/_{6}$ und 449 $^{1}/_{29}$ eingetragen ist, eine Darlehensbuchhypothek zu 700 *M* nebst 5 % Zinsen seit 1. Mai 1909 und dinglicher Zwangsvollstreckungsklausel eingetragen.

Josef Meier überträgt unter Zustimmung des Sebastian Müller die Hypothek zu 700 *M* samt den Nebenansprüchen auf den ihm von Hans Ingler überlassenen Hälfteanteil an Pl.-Nr. 449 $^{1}/_{6}$; es soll nunmehr das ganze Grundstück Pl.-Nr. 449 $^{1}/_{6}$ zur Sicherung dieser Hypothek samt Zinsen verpfändet sein; er unterwirft sich wegen dieser Hypothek und der Nebenansprüche der sofortigen Zwangsvollstreckung in der Weise, daß die Zwangsvollstreckung aus der Urkunde gegen den jeweiligen Eigentümer der Pl.-Nr. 449 $^{1}/_{6}$ zulässig ist.

Die Hypothek soll auf diesem Grundstück zweiten Rang nach 2000 *M* Kaufpreisteil haben.

Josef Meier bewilligt und beantragt, die Hypothek samt den Nebenansprüchen, wie sie bisher auf seinem Hälfteanteil an Pl.-Nr. 449 $^{1}/_{6}$ und 449 $^{1}/_{29}$ eingeschrieben war, mit dem gleichen Wortlaut sowie mit der dinglichen Zwangsvollstreckungsklausel im Grundbuche auf dem für Pl.-Nr. 449 $^{1}/_{6}$ neuanzulegenden Grundbuchblatt einzutragen.

Sebastian Müller ist damit einverstanden; er bewilligt und beantragt die Löschung[1]) der Hypothek zu 700 *M*, soweit sie bisher an dem von Josef Meier an Hans Ingler überlassenen Hälfteanteil an Pl.-Nr. 449 $^{1}/_{29}$ eingetragen war.

Auf Bekanntgabe des Vollzugs verzichten die Vertragsteile. Die Kosten übernimmt Josef Meier. Vermerkt wird, daß der Notar vor der Beurkundung das Grundbuch eingesehen hat.

Vorgelesen ꝛc.

49. Erbteilungs-Vertrag.

Heute am . . . . erschienen vor mir Karl Winkler, K. Notar zu München, an der Amtsstelle des K. Notariats München III

1. Herr Otto Ganreiter, Gütler in Milbertshofen, verwitwet,
2. Herr Franz Weiler, Privatier in München, handelnd als gerichtlich bestellter Pfleger der minderjährigen Gütlerskinder Max, Anna, Ludwig und Friedrich Ganreiter in Milbertshofen laut aktenmäßiger Feststellung vom 2. März 1909,

beide mir, dem Notar, persönlich bekannt und ersuchten mich bei gleichzeitiger Anwesenheit folgendes zu beurkunden:

I.

Aus den Akten des K. Amtsgerichts München — Nachlaß-Verzeichnis Ziff. 25/1904 — ergibt sich, daß die Gütlersehefrau Therese Ganreiter von Milbertshofen am 1. März 1904 dortselbst mit Hinterlassung ihres Witwers Otto Ganreiter und ihrer Kinder Max, Anna, Ludwig und Friedrich Ganreiter gestorben ist.

Die Eheleute Otto und Therese Ganreiter haben sich vor dem Inkrafttreten des BGB. mit dem ersteheIichen Wohnsitz in Moosach ohne Errichtung eines Ehevertrags verheiratet, lebten sohin im gesetzlichen, aus der Errungenschaftsgemeinschaft des Bayerischen Landrechts übergeleiteten Güterstande des BGB.

[1]) Die Löschungszustimmung der Eigentümer ist im vorstehenden Teilungsvertrag unter Nr. VI enthalten.

Eine letztwillige Verfügung hat die Verlebte nicht hinterlassen. Demgemäß erteilte das K. Amtsgericht München unterm 3. Juli 1904 Erbschein dahin lautend, daß die am 1. März 1904 in Milbertshofen verstorbene Gütlersfrau Therese Ganreiter auf Grund des Gesetzes von ihrem Ehemann Otto Ganreiter zu einem Viertel und ihren vier minderjährigen Kindern Max, Anna, Ludwig und Friedrich Ganreiter zu zusammen drei Viertel beerbt worden ist.

II.

Zur Zeit des Erbfalles war nach Angabe der Beteiligten und den vorliegenden Belegen zufolge folgendes eheliche Gesamtvermögen der Eheleute Ganreiter vorhanden:

A. Aktiven:

Aktivvermögen ist nur das den Eheleuten Ganreiter zu gleichen Anteilen gehörende, in der Steuergemeinde Milbertshofen liegende, im Grundbuche des K. Amtsgerichts München für Milbertshofen Bd. 10, S. 92, Bl. 1925 eingetragene, nach Bestätigung des Rentamts vom heutigen bodenzinsfreie Anwesen Hs.-Nr. 43 in Milbertshofen. Es besteht aus

Pl.-Nrn. . . . .

Dieses Anwesen haben die eidlich verpflichteten Schätzleute von Milbertshofen am 30. Mai 1904 auf 6340 *M* (m. W.) geschätzt.

Das Inventar wird auf 300 *M* (m. W.) angeschlagen. Die Richtigkeit der Schätzung erkennen die Beteiligten an.

B. Passiven.

a) 2500 *M* Hypothekkapital der Bayerischen Landwirtschaftsbank, wovon tatsächlich noch ein Rest zu 2300 *M* (m. W.) ungetilgt ist.

Dieses Kapital ist mit jährlich 4 % halb am 1. Juni und halb am 1. Dezember unter Zuzahlung eines Tilgungsbeischlages von ½ % verzinslich. Dazu besteht eine zehnprozentige Sicherungshypothek für Nebenansprüche.

b) Kurrentschulden im Betrage zu 1800 *M* (m. W.); sie sind den Beteiligten bekannt; auf ihre Aufführung im einzelnen wird verzichtet.

Abgleichung.

Summe der Aktiven	. . . .	6640 *M*
Summe der Passiven	. . . .	4100 *M*
	Aktivrest:	2540 *M* (m. W.)

Hiervon gebührt die Hälfte mit 1270 *M* dem Witwer Ganreiter, die andere Hälfte mit 1270 *M* bildet den Nachlaß.

Von dem Nachlaß gehen noch die Todesfallsausgaben mit 270 *M* (m. W.) ab, so daß der reine Nachlaß 1000 *M* (m. W.) beträgt.

Hieran nimmt Witwer Ganreiter mit einem Viertel = 250 *M* teil, der Rest 750 *M* — $^3/_4$ des Nachlasses fällt auf die Erbteile der Kinder.

III.

Diese Festsetzung des Vermögens und der Erbteile erkennen die Erschienenen als richtig und vollständig an; sie vereinbaren über die Auseinandersetzung folgendes:

Der Witwer Ganreiter erklärt sich bereit, den gesamten Nachlaß seiner Ehefrau mit allen Aktiven und Passiven zum Alleineigentum zu übernehmen und seinen Kindern die Erbteile in Geld auszuzahlen. Zu diesem Zwecke überträgt der Pfleger Weiler die Anteile seiner Pfleglinge Max, Anna, Ludwig und Friedrich Ganreiter an dem Nachlasse ihrer Mutter auf den Witwer Ganreiter, so daß dieser mit Einschluß seines Viertelsanteils das gesamte ehemalige eheliche Vermögen der Eheleute Ganreiter allein erwirbt und insbesondere auch Alleineigentümer des Anwesens wird.

Der Witwer Ganreiter übernimmt alle Passiven, insbesondere die Hypothek in ihrem grundbuchmäßigen Bestande zu 2500 *M* unter Anerkennung der zehnprozentigen Sicherungshypothek für Nebenansprüche als alleiniger persönlicher Schuldner; er verpflichtet sich, die Hypothek nach den Bestimmungen des Darlehensvertrags zu verzinsen und zu tilgen und steht dafür ein, daß seine Kinder aus Nachlaßverbindlichkeiten nicht in Anspruch genommen werden. Nutzen und öffentliche Lasten gehen über, wie sie laufen.

Der Witwer Ganreiter bekennt sich seinen vier minderjährigen Kindern Max, Anna, Ludwig und Friedrich Ganreiter gegenüber als Schuldner eines mütterlichen Erbvermögens von zusammen 750 *M* (m. W.) und verpflichtet sich, diese Erbgüter unbeschadet des ihm gesetzlich zustehenden Verwaltungs- und Nutznießungsrechtes am Kindervermögen von heute an mit jährlich 4 % (m. W.) zu verzinsen und ein Vierteljahr nach Kündigung bar zu bezahlen.

Für dieses mütterliche Erbvermögen zu 750 *M* und die Nebenansprüche bestellt der Witwer Ganreiter Hypothek an seinem Anwesen nach Vorgang der übernommenen Hypothek. Die Erteilung eines Hypothekenbriefes wird ausgeschlossen. Der Witwer Ganreiter unterwirft sich in Ansehung des Kapitals und der Zinsen der sofortigen Zwangsvollstreckung und zwar auch in der Weise, daß die Zwangsvollstreckung aus der Urkunde gegen den jeweiligen Eigentümer stattfindet.

Der Witwer Ganreiter trägt die Kosten und erhält eine Ausfertigung der Urkunde. Eine solche ist auch zu den Pflegschaftsakten zu erteilen.

IV.

Der Pfleger Weiler erkennt an, daß durch die Aussetzung des Erbteils die Interessen seiner Pfleglinge gewahrt sind. Desgleichen erklärt sich auch der Witwer Ganreiter durch die Erbteilung für seine Ansprüche an den Nachlaß seiner verstorbenen Ehefrau für abgefunden.

V.

Die Beteiligten ersuchen um vormundschaftsgerichtliche Genehmigung; die Rechtswirksamkeit des Vertrages wird von ihr ausdrücklich abhängig gemacht. Die Erschienenen ermächtigen den Notar die Genehmigung für sie entgegenzunehmen, sie den Beteiligten mitzuteilen und für sie von der Mitteilung Kenntnis zu nehmen. Mit dem Einlauf des Genehmigungsbeschlusses beim Notar soll also die Genehmigung als an die Vertragsbeteiligten mitgeteilt gelten und der Vertrag allen Beteiligten gegenüber rechtswirksam sein.

VI.

Da durch den Erbteilungsvertrag die Nachlaßsache erledigt ist, zieht der Witwer Ganreiter seinen Antrag auf amtliche Auseinandersetzung zurück.

VII.

Auf Grund des Vertrages erklären die Erschienenen, darüber einig zu sein, daß das Eigentum an dem im Grundbuche des K. Amtsgerichts München für Milbertshofen Bd. 10, S. 92, Bl. 1925 eingetragenen Grundbesitz von Otto Ganreiter und den Erben der Therese Ganreiter, nämlich Otto Ganreiter und dessen Kindern Max, Anna, Ludwig und Friedrich Ganreiter auf Otto Ganreiter übergeht und bewilligen und beantragen die Eintragung des Letztgenannten als neuen Eigentümers im Grundbuche.

Otto Ganreiter bewilligt und beantragt, daß auf vorbezeichnetem Grundbuchblatte in Abt. 3 eingetragen wird:

Hypothek ohne Brief für 750 *M* mütterliches Erbvermögen der Gütlerskinder Max, Anna, Ludwig und Friedrich Ganreiter in Milbertshofen als zu gleichen Anteilen berechtigter Gläubiger — zu 4 % verzinslich und vierteljährlich kündbar. Der jeweilige Eigentümer ist der sofortigen Zwangsvollstreckung gemäß § 800 ZPO. unterworfen.

Auf Bekanntgabe der Eintragungen im Grundbuche wird verzichtet. Vermerkt wird, daß der Notar vor der Beurkundung das Grundbuch eingesehen hat.

Vorgelesen ꝛc.

50. Erbteilungs- und Uebergabsvertrag.

Heute am . . . . erschienen vor mir Karl Winkler, K. Notar zu P. . . ., an der Amtsstelle des K. Notariats P. . . .

1. Paula Dunzinger, Gastwirtswitwe in Paindorf,
2. deren ledige volljährige Kinder
   a) Peter Dunzinger, Metzger in Paindorf,
   b) August Dunzinger, Metzger in Paindorf,
   c) Michael Dunzinger, Schenkkellner in München,
   d) Anna Dunzinger, Gastwirtstochter in Paindorf,

alle mir, dem Notar, persönlich bekannt und ersuchten mich bei gleichzeitiger Anwesenheit folgendes zu beurkunden:

I.

Aus den Akten des K. Amtsgerichts P. — Nachlaßverzeichnis Ziff. 91/1906 — ergibt sich, daß der Gastwirt Michael Dunzinger von Paindorf am 15. Oktober 1906 dortselbst mit

Hinterlassung seiner Witwe Paula Dunzinger und seiner vier Kinder Peter, August, Michael und Anna Dunzinger gestorben ist. Die Eheleute Michael und Paula Dunzinger lebten in vertragsloser, im Jahre 1876 in Aichach geschlossener Ehe, sohin im gesetzlichen, aus der Errungenschaftsgemeinschaft des Bayerischen Landrechts übergeleiteten Güterstande des BGB.

Eine letztwillige Verfügung hat Michael Dunzinger nicht errichtet. Laut Erbscheins des K. Amtsgerichts P. vom 3. Januar 1907 wurde er auf Grund Gesetzes von seiner Witwe Paula Dunzinger zu einem Viertel und seinen oben genannten Kindern zu je drei Sechzehnteln beerbt.

II.

Nach Angabe der Beteiligten besteht der Nachlaß des Verlebten aus:

A. Aktiven:

1. Dem Hälftewert der im Grundbuche des K. Amtsgerichts P. für Paindorf Bd. 6, S. 437, Bl. 212 auf die Eheleute Michael und Paula Dunzinger je zur Hälfte als Eigentümer eingetragenen Anwesen Haus-Nr. 15 und 16 in Paindorf, welche von den Erschienenen auf zusammen 72000 *M* (m. W.) veranschlagt werden, so daß auf den Nachlaß des Michael Dunzinger die Hälfte mit 36000 *M* (m. W.) trifft.

   Diese beiden Anwesen bestehen aus

   Pl.-Nrn. der Steuergemeinde Paindorf . . . . .

   . . . .

   Das Haus- und Gutsinventar im Anschlage zu 15000 *M* (m. W.) ist in dem Anwesenswerte zu 72000 *M* inbegriffen.

2. Dem Hälftewert der nachbezeichneten Gebäude. Laut Messungsverzeichnisses für die Steuergemeinde Paindorf Nr. 136/1907 sind nämlich die Pl.-Nrn. 55 und 56 vermessen worden in

   Pl.-Nr. 55 Schwein- und Rindviehstallung, Fremdenstallung, Stadel, Remise und Hofraum zu 0,117 ha,

   Pl.-Nr. 55 1/2 Bauplatz zu 0,041 ha.

   Auf letzterer Pl.-Nr. 55 1/2 wurde ein Wohnhaus mit Verkaufsladen, Keller, Holzlege, Waschküche und

Hofraum errichtet; diese Gebäude werden von den Beteiligten auf 27 000 *M* (m. W.) gewertet, wovon die Hälfte mit 13 500 *M* (m. W.) auf den Nachlaß trifft.

Es wird beantragt, die neugebildete Pl.-Nr. 55 ½ auf einem eigenen Grundbuchblatte einzutragen.

3. Dem vorhandenen Bargelde zu 8 000 *M* (m. W.).

B. Passiven.

Die Eheleute Michael und Paula Dunzinger schuldeten dem Darlehenskassenverein P. 19 000 *M* (m. W.) wovon die Hälfte mit 9 500 *M* (m. W.) Nachlaßverbindlichkeit ist.

Abgleichung.

Summe der Aktiven	57 500 *M*
Summe der Passiven	9 500 *M*
Aktivrest:	48 000 *M* (m. W.).

Der Anteil der Witwe Dunzinger beträgt nach dem Erbschein ein Viertel = 12 000 *M* (m. W.), der Rest mit 36 000 *M* (m. W.) ist unter die erbbeteiligten Kinder zu verteilen.

Witwe Dunzinger verzichtet jedoch zugunsten ihrer Kinder auf ihren Viertels-Anteil am Nachlaß ihres Mannes, so daß der gesamte Nachlaß im Reinwert von 48 000 *M* unter die vier Kinder des Erblassers zu verteilen ist, jedes also 12 000 *M* zu beanspruchen hat.

III.

Die Beteiligten erkennen diese Nachlaßfeststellung als richtig an und vereinbaren über die Teilung des Nachlasses, und über das Eigentum an dem nicht zum Nachlaß gehörigen, der Witwe Dunzinger allein gehörenden Hälfteanteil an den Grundbesitzungen folgendes:

Peter Dunzinger erhält alle oben beschriebenen Grundstücke mit Ausnahme der neugebildeten Pl.-Nr. 55 ½ sowie das gesamte Wirtschaft- und Ökonomie-Inventar zum Alleineigentum zugewiesen und hat dafür an seine Mutter 35 000 *M* (m. W.) zu zahlen.

August Dunzinger erhält das Grundstück Pl.-Nr. 55 ½ mit den neuerbauten Gebäuden zu Besitz und Eigentum zugewiesen und hat an seine Mutter 15 000 *M* (m. W.) zu zahlen.

Der gesamte übrige Nachlaß wird der Witwe Paula Dunzinger zugewiesen. Sie übernimmt auch die Nachlaßpassiven zur alleinigen Vertretung, ohne Rücksicht darauf, ob sie hier vollständig angegeben sind oder nicht. Witwe Paula Dunzinger bekennt sich ihren beiden Kindern Michael und Anna Dunzinger gegenüber als Schuldnerin eines väterlichen Erbvermögens von zusammen 24000 *M* (m. W.) und verpflichtet sich die 12000 *M* des Michael Dunzinger ohne Zins, die 12000 *M* der Anna Dunzinger unter Beilegung von 3 1/2 % Zins von heute an, je ein Vierteljahr nach Kündigung bar und ohne Sicherung zu bezahlen.

IV.

Peter und August Dunzinger werden in den Alleinbesitz der ihnen überlassenen Grundstücke eingewiesen und übernehmen Nutzungen und öffentliche Lasten vom heutigen Tage an.

Die Grundstücke sind nach Bestätigung des Rentamts vom heutigen bodenzinsfrei.

V.

Peter Dunzinger bekennt sich gegenüber seiner Mutter Paula Dunzinger als Schuldner eines Gutsabstandsgeldes und einer Erbabfindung von insgesamt 35000 *M* (m. W.); er verpflichtet sich diese 35000 *M* vom heutigen Tage an mit 4 % (m. W.) halb am 1. Mai und halb am 1. November jedes Jahres zu verzinsen und nach halbjähriger Kündigung bar zu bezahlen. Dafür bestellt Peter Dunzinger an den ihm überwiesenen Grundstücken erste Hypothek; die Erteilung eines Briefes soll ausgeschlossen sein.

Weiter verpflichtet sich Peter Dunzinger an seine Mutter folgenden Naturalaustrag zu leisten:

Jährlich: 150 Kilogramm Roggen, ebensoviel Korn, dann Kartoffel und Kraut nach Bedarf, 100 Stück Eier je nach Bedarf, so oft im Anwesen ein daselbst gemästetes Schwein geschlachtet wird, 2 Blut- und 2 Leberwürste und 1 1/2 Kilogramm Schweinefleisch, täglich 1 Liter gute Milch, außerdem alles Bier, das Witwe Dunzinger für sich nötig hat, zum Selbstkostenpreis. Diese Leistungen sollen mit 2500 *M* (m. W.) ablösbar sein. Peter Dunzinger bestellt dafür eine Reallast an den ihm überlassenen Grundstücken im Gleichrang mit der Hypothek.

Weiter räumt Peter Dunzinger seinem Bruder Michael Dunzinger auf die Dauer des ledigen Standes das unentgeltliche Wohnungsrecht im Wohnhause Pl.-Nr. 52 ein und weist ihm zur Ausübung dieses Rechtes ein Mansardenzimmer an, welches wohn- und heizbar herzurichten und zu erhalten ist. Dieses Wohnungsrecht wird auf jährlich 5 *M* angeschlagen.

Für dieses Wohnungsrecht bestellt Peter Dunzinger eine beschränkte persönliche Dienstbarkeit am Pl.-Nr. 52.

VI.

August Dunzinger bekennt sich seiner Mutter Paula Dunzinger gegenüber als Schuldner eines Gutsabstandsgeldes von 15000 *M* (m. W.) und verpflichtet sich, es von heute an mit jährlich 4 % (m. W.) halb am 1. Mai und halb am 1. November jedes Jahres zu verzinsen und nach halbjähriger Kündigung zu zahlen. Dafür bestellt August Dunzinger an Pl.-Nr 55 1/2 erste Hypothek; die Erteilung eines Briefes soll ausgeschlossen sein.

Außerdem belastet August Dunzinger das Grundstück Pl.-Nr. 55 1/2 zugunsten seiner genannten Mutter mit einer beschränkten persönlichen Dienstbarkeit des Inhalts, daß seine Mutter berechtigt ist, lebenslänglich gegen eine jährliche in vierteljährlichen Raten vorauszahlbare Entschädigung von 240 *M* in dem auf Pl.-Nr 55 1/2 erbauten Wohnhause zu wohnen, wozu ihr das ganze erste Stockwerk überlassen wird.

VII.

Peter und August Dunzinger unterwerfen sich wegen der von ihnen übernommenen Zahlungsverpflichtungen und den Nebenansprüchen der sofortigen Zwangsvollstreckung aus dieser Urkunde, in Ansehung der Hypotheken auch in der Weise, daß die Zwangsvollstreckung aus der Urkunde gegen den jeweiligen Eigentümer stattfindet.

VIII.

Witwe Dunzinger trägt die Kosten; sie, sowie Peter und August Dunzinger erhalten je eine Ausfertigung.

IX.

Die Vertragsteile erkennen an, daß sie durch den Vertrag für ihre Ansprüche an den Nachlaß des Michael Dunzinger abgefunden sind.

X.

A. Auf Grund des vorstehenden Vertrages erklären die Erschienenen weiter, darüber einig zu sein, daß das Eigentum an

a) der nach dem Messungsverzeichnis der Steuergemeinde Paindorf Nr. 136/1907 neugebildeten Pl.-Nr. 55 1/2 zu 0,041 ha von Paula Dunzinger und den Erben des Michael Dunzinger auf August Dunzinger,

b) dem übrigen im Grundbuche des K. Amtsgerichts P. für Paindorf Bd. 6, S. 437, Bl. 212 eingetragenen Grundbesitz von Paula Dunzinger und den Erben des Michael Dunzinger auf Peter Dunzinger

übergeht und bewilligen und beantragen nach Maßgabe dieser Einigung die Eintragung der neuen Eigentümer im Grundbuche, sowie die Anlegung eines eigenen Grundbuchblattes für Pl.-Nr. 55 1/2.

B. Peter Dunzinger bewilligt und beantragt, daß auf dem Blatte im Grundbuche für Paindorf Bd. 6, S. 437, Bl. 212 eingetragen wird:

a) in Abteilung II:

1. Reallast für einen Naturalaustrag der Gastwirtswitwe Paula Dunzinger in Paindorf, ablösbar mit 2500 *M* nach näherer Bezeichnung in der Urkunde des K. Notariats ....

2. Beschränkte persönliche Dienstbarkeit an Pl.-Nr. 52 für ein Wohnungsrecht des Michael Dunziger, Schenkkellner in München, nach näherer Bezeichnung in vorgenannter Urkunde;

b) in Abteilung III:

Hypothek ohne Brief für 35000 *M* Gutsabstandsgeld der Gastwirtswitwe Paula Dunzinger in Paindorf, zu 4 % halb am 1. Mai und halb am 1. November jedes Jahres verzinslich und halbjährlich kündbar. Der jeweilige Eigentümer ist der sofortigen Zwangsvollstreckung unterworfen.

C. August Dunzinger bewilligt und beantragt, daß an der ihm überlassenen Pl.-Nr. 55 1/2 im Grundbuch eingetragen wird:

a) in Abteilung II:
Beschränkte persönliche Dienstbarkeit für ein Wohnungsrecht der Gastwirtswitwe Paula Dunzinger in Paindorf nach näherer Bezeichnung in der Urkunde . . . . .

b) in Abteilung III:
Hypothek ohne Brief für 15 000 *M* Gutsabstandsgeld der Gastwirtswitwe Paula Dunzinger in Paindorf zu 4 % halb am 1. Mai und halb am 1. November jedes Jahres verzinslich und halbjährlich kündbar. Der jeweilige Eigentümer ist der sofortigen Zwangsvollstreckung unterworfen.

Vermerkt wird, daß der Notar vor der Beurkundung das Grundbuch eingesehen hat.

Vorgelesen ꝛc.

51. Abtretung eines Geschäftsanteils.

Heute am . . . . erschienen vor mir Karl Winkler, K. Notar zu München, an der Amtsstelle des K. Notariats München III

1. Herr Karl Triesch, Kaufmann in München,
2. Herr Georg Trautmann, Rentier in München,

beide mir, dem Notar, persönlich bekannt und ersuchten mich folgendes zu beurkunden:

Herr Karl Triesch ist bei der „Münchener Automobilgesellschaft mit beschränkter Haftung" in München als Gesellschafter mit einer Stammeinlage von 4000 *M* (m. W.) beteiligt.

Diesen Geschäftsanteil zu 4000 *M* tritt Karl Triesch mit allen damit verbundenen Rechten und mit der Wirkung vom 1. (m. W.) Februar dieses Jahres an an Herrn Georg Trautmann ab; er erklärt, daß der Gegenwert durch Verrechnung beglichen ist und beantragt die Umschreibung des abgetretenen Geschäftsanteils auf Georg Trautmann in den Büchern der Gesellschaft sowie die Erteilung von zwei Ausfertigungen dieser Urkunde für letztere.

Georg Trautmann nimmt diese Abtretung an und trägt die Kosten dieser Beurkundung.

Festgestellt wird, daß nach dem Gesellschaftsvertrage die Zustimmung der Gesellschaft zur Abtretung von Geschäftsanteilen nicht erforderlich ist.

52. Teilweise Abtretung eines Geschäftsanteils.

Heute am . . . . erschienen vor mir Karl Winkler, K. Notar zu München, an der Amtsstelle des K. Notariats München III

1. die Herren Georg Link, Kaufmann, und Karl Reisner, Ingenieur, beide in München,
2. Herr August Übelherr, Rentier in Augsburg,

alle mir, dem Notar, persönlich bekannt und ersuchten mich folgendes zu beurkunden:

Die Herren Georg Link und Karl Reisner sind bei der Firma „Granitwerk Louisenstein" Gesellschaft mit beschränkter Haftung in D. mit einem Geschäftsanteile von je 10000 *M* (m. W.) beteiligt.

Von diesen Geschäftsanteilen zu je 10000 *M* treten die Herren Georg Link und Karl Reisner je einen Teil von 1000 *M* (m. W.) mit Wirkung vom 1. August 1908 (m. W.) an an Herrn August Übelherr ab, wobei sie über den Gegenwert quittieren, der durch Verrechnung getilgt ist. Herr August Übelherr nimmt diese Abtretung an und trägt die Kosten. Ihm ist eine Ausfertigung dieser Urkunde zu erteilen. Die Erschienenen wurden darauf aufmerksam gemacht, daß zu der Abtretung die Genehmigung der Gesellschaft erforderlich ist; sie erklären, daß diese Genehmigung erteilt sei.

Vorgelesen rc.

53. Verpfändung[1]) eines Geschäftsanteils.

Heute am . . . . erschienen vor mir Karl Winkler, K. Notar zu München, an der Amtsstelle des K. Notariats München III

1. Herr Fritz Brand, Privatier in München,
2. Herr Eugen Ostermann, Kaufmann in München,

beide mir, dem Notar, persönlich bekannt und ersuchten mich folgendes zu beurkunden:

Herr Fritz Brand ist bei der Firma Granitwerk Louisenstein „Gesellschaft mit beschränkter Haftung in D." mit einer Stammeinlage von 30000 *M* (m. W.) beteiligt.

---

[1]) Was für die Abtretung eines Geschäftsanteils gilt, gilt auch für dessen Verpfändung — vgl. BGB. § 1274 und Gesetz betr. die GmbH. § 15 Absatz V.

Diese Gesellschaft schuldet dem Herrn Eugen Ostermann, Kaufmann in München, ein Darlehen von 8000 *M* (m. W.).

Zur Sicherung dieser Forderung des Eugen Ostermann verpfändet Fritz Brand von dem Geschäftsanteil zu 30000 *M* den Teil von 8000 *M* (m. W.) dem Herrn Eugen Ostermann mit Wirkung vom heutigen Tage an. Herr Eugen Ostermann nimmt das an, übernimmt die Kosten und erhält eine Ausfertigung dieser Urkunde. Die Erschienenen haben davon Kenntnis, daß die Genehmigung der Gesellschaft erforderlich ist und erklären, daß diese Genehmigung erteilt sei.

Vorgelesen 2c.

54. Protokoll über eine Generalversammlung.

Heute am . . . . habe ich Karl Nauer, K. Notar in R., auf Ansuchen im Amtszimmer des K. Notariats R. über den Gang, die Verhandlungen und Beschlüsse der dorthin auf vormittags 11 Uhr einberufenen ordentlichen Generalversammlung der Aktiengesellschaft Neuhauser Terraingesellschaft in R. in Liquidation, folgendes Protokoll errichtet:

I.

Die Generalversammlung ist einberufen durch Einladung des Vorsitzenden des Aufsichtsrats der Gesellschaft vom 10. Oktober 1909 in der mir vorgelegten III. Beilage zum Deutschen Reichsanzeiger und K. Preußischen Staatsanzeiger in Berlin vom Freitag den 15. Oktober 1909 Nr. 244 unter wörtlicher Einfügung folgender Tagesordnung:

1. Vorlegung der Bilanz nebst Gewinn- und Verlustkonto für den 30. Juni 1909, zugleich Schlußbilanz,
2. Genehmigung der Bilanz,
3. Entlastung des Liquidators und des Aufsichtsrats,
4. Abschluß der Liquidation.

Dieser Tagesordnung ist die Bemerkung beigefügt, daß nach § 25 des Statuts zur Teilnahme jeder Aktionär berechtigt ist, welcher sich mindestens drei Tage zuvor beim Vorsitzenden des Aufsichtsrates, Neustätterplatz 14 dahier, oder beim Bankhaus Karl Schwertheim in M. über seinen Aktienbesitz ausgewiesen hat.

II.

Den Vorsitz in der Generalversammlung führte Herr Kommerzienrat Franz Liebknecht, Rentier in R., mir, dem Notar, persönlich bekannt. Er stellte auf Grund des hier zur Beiheftung übergebenen Verzeichnisses der erschienenen Aktionäre und der Vertreter von Aktionären, welches vom Vorsitzenden unterzeichnet ist und vor der ersten Abstimmung zur Einsicht ausgelegt wurde, fest, daß in der heutigen Generalversammlung vom Grundkapital der Gesellschaft der Betrag von 86 000 *M* durch zwei Aktionäre mit 86 Stimmen vertreten ist.

III.

Die Tagesordnung wurde erledigt wie folgt:

Zu Punkt 1. der Tagesordnung:

Von Verlesung der Bilanz mit Gewinn- und Verlustrechnung des Liquidators, dessen Berichtes und der Bemerkungen des Aufsichtsrates wurde Umgang genommen, da diese Schriftstücke gemäß § 263 HGB. in je einem Stücke beim Liquidator und im Geschäftszimmer der Gesellschaft aufgelegen waren.

Zu Punkt 2. der Tagesordnung:

Die Bilanz nebst Gewinn- und Verlustrechnung für den 30. Juni 1909 wurde genehmigt.

Zu Punkt 3. der Tagesordnung:

Dem Liquidator und dem Aufsichtsrate wurde Entlastung erteilt. Dazu wird festgestellt, daß bei der Beschlußfassung über die Entlastung des Liquidators dieser, und bei der Beschlußfassung über die Entlastung des Aufsichtsrats das anwesende Mitglied, Herr Kommerzienrat Franz Liebknecht, sich der Abstimmung enthalten haben.

Zu Punkt 4. der Tagesordnung:

Es wurde anerkannt, daß die Liquidation nunmehr beendet ist. Sämtliche Beschlüsse wurden einstimmig und durch Akklamation gefaßt.

Herr Kommerzienrat Liebknecht ersuchte um Erteilung einer Ausfertigung dieses Protokolles.

Hiermit war die Versammlung beendet und wurde vom Vorsitzenden geschlossen.

Samt Anlage vorgelesen vom Notar, von Kommerzienrat Liebknecht genehmigt und eigenhändig unterschrieben.

Präsenzliste

zur Generalversammlung der Neuhauser Terraingesellschaft in R ... in Liquidation, vom ....

Aktien und Stimmen	Namen der Aktionäre	erschienen	vertreten
17	Kommerzierat Franz Liebknecht in R.	17	—
69	Rentier Karl Kummer, Berlin	69.	—

in Summe: 86 (m. W.) Aktien und ebensoviel Stimmen.

R ..., den 16. November 1909.

Komm.-Rat Franz Liebknecht.

55. Protokoll über eine Generalversammlung.

Heute am .... habe ich Karl Nauer, K. Notar in R., auf Ansuchen im Amtszimmer des K. Notariats R. über den Gang, die Verhandlungen und Beschlüsse der dorthin auf vormittags 11 Uhr einberufenen ordentlichen Generalversammlung der Aktiengesellschaft Neuhauser Terraingesellschaft in R. in Liquidation, folgendes Protokoll errichtet:

I.

Zum Nachweise der statutengemäßen Berufung wurden vorgelegt: Die III. Beilage zum Deutschen Reichs- und K. Preußischen Staatsanzeiger in Berlin vom Donnerstag den 15. Oktober 1908 Nr. 244 und das Abendblatt der R ... Neuesten Nachrichten vom 14. Oktober 1908 Nr. 357; beide enthalten die an die Aktionäre der Neuhauser Terraingesellschaft in R. gerichtete Einladung des Aufsichtsrates dieser Gesellschaft unter wörtlicher Einfügung folgender Tagesordnung:

„Beschlußfassung über Herabsetzung des Grundkapitals durch Zusammenlegung von Aktien."

II.

Die Generalversammlung wurde eröffnet und geleitet von dem mir persönlich bekannten Herrn Kommerzienrat Franz Liebknecht, Rentner in R. Er stellte auf Grund des von ihm unterschriebenen, hier zur Beiheftung übergebenen Verzeichnisses der erschienenen Aktionäre und Vertreter von solchen fest, daß in der heutigen Generalversammlung vom Grundkapital der Gesellschaft der Betrag von 1 200 000 *M* durch 11 Aktionäre oder Vertreter von solchen mit 1200 Stimmen vertreten ist. Dieses Verzeichnis wurde vor der Abstimmung zur Einsicht ausgelegt.

III.

Die Tagesordnung wurde erledigt wie folgt:

Der Vorsitzende stellte an die Generalversammlung den Antrag, der in der diesem Protokolle beigehefteten Anlage II enthalten ist; der Antrag wurde wörtlich vorgelesen. Nach längerer Debatte aus der Mitte der Aktionäre über den Stand der Gesellschaft wurde schließlich durch einstimmigen, durch Zuruf erfolgten Beschluß der Generalversammlung der Antrag des Vorsitzenden, wie er in der Beilage niedergelegt ist, genehmigt, und so beschlossen.

Auch die übrigen Beschlüsse erfolgten einstimmig durch Zuruf. Damit war die Tagesordnung erledigt und wurde die Generalversammlung vom Vorsitzenden geschlossen. Letzterer ersucht um eine Ausfertigung dieses Protokolls für die Gesellschaft.

Samt den beiden Beilagen vorgelesen 2c. 2c.

Anlage II

zum Generalversammlungsprotokoll des K. Notariats .... vom .... enthaltend den Antrag des Vorsitzenden an die Generalversammlung vom ....

(Unterschrift des Notars).

Die Generalversammlung wolle beschließen:

1. Das Grundkapital der Gesellschaft wird von 4 500 000 *M* um 1 500 000 *M* auf 3 000 000 *M* in der Weise herab-

gesetzt, daß je drei Aktien von je 1000 *M* zu zwei Aktien zusammengelegt werden.

2. Die Aktionäre haben zum Zwecke der Zusammenlegung ihre Aktien nebst Dividendenscheinen und Talons in einer vom Aufsichtsrat festzusetzenden und in dem Gesellschaftsblatt bekannt zu machenden Frist spätestens am 1. Oktober 1910 einzureichen. Sie erhalten nach der Zusammenlegung für je drei Aktien zwei Aktien zurück mit dem daraufgesetzten Stempelaufdruck „Gültig geblieben gemäß Beschluß vom . . . ." Die zurückbehaltenen Aktien verlieren ihre Gültigkeit und werden vernichtet. Soweit die von den einzelnen Aktionären eingereichten Aktien zur Zusammenlegung nicht ausreichen, der Gesellschaft aber zur Verwertung für Rechnung der Beteiligten zur Verfügung gestellt werden, wird von den sämtlichen zur Zusammenlegung für die Aktionäre nicht ausreichenden Aktien von je drei Aktien eine vernichtet. Die übrigen werden durch den Stempelaufdruck für gültig geblieben erklärt. Die letzteren werden, wenn eine Einigung unter den Beteiligten nicht erzielt wird, zum Börsenpreis und in Ermangelung eines solchen durch öffentliche Versteigerung verkauft. Der Erlös wird den Aktionären nach Verhältnis des Aktienbesitzes zur Verfügung gestellt.

3. Soweit in der oben festgesetzten Frist die Aktien nicht eingereicht sind oder soweit die eingereichten die zur Ausführung der beschlossenen Zusammenlegung erforderliche Zahl nicht erreichen, und der Gesellschaft nicht zur Verwertung für Rechnung der Beteiligten zur Verfügung gestellt sind, werden die Aktien für kraftlos erklärt. An Stelle der für kraftlos erklärten Aktien werden neue ausgegeben und zwar für je drei alte zwei neue. Die neuen Aktien sind für Rechnung der Beteiligten durch die Gesellschaft zum Börsenpreis und in Ermangelung eines solchen durch öffentliche Versteigerung zu verkaufen. Der Erlös ist den Beteiligten nach Verhältnis ihres Aktienbesitzes zur Verfügung zu stellen.

4. Die Herabsetzung des Grundkapitals erfolgt, um den durch die Zusammenlegung in der Bilanz frei-

werdenden Betrag zur Beseitigung der Unterbilanz, zu Abschreibungen und Rückstellungen nach näherer Bestimmung des Aufsichtsrates zu verwenden.

5. Die Zusammenlegung muß bis zum 1. Januar 1911 durchgeführt sein.
6. Der Vorstand wird beauftragt, den Beschluß über die Zusammenlegung, ebenso die durchgeführte Zusammenlegung zum Handelsregister anzumelden.

56. Protokoll

über die Beschlüsse der Versammlung der Gläubiger aus Schuldverschreibungen der Aktiengesellschaft Aktienfahrradwerke München-Laim in München.

Heute am . . . . . begab ich, F. M., K. Notar in München, mit dem Amtssitz K. Notariat München XVIII, mich auf Ansuchen in das Direktionszimmer der genannten Aktiengesellschaft, Landsbergerstraße 121 hier, um der dort auf heute anberaumten Versammlung der Besitzer von 4%igen Schuldverschreibungen dieser Aktiengesellschaft vom 1. März 1898 anzuwohnen und deren Beschlüsse zu beurkunden.

I.

Zur anberaumten Stunde — vormittags 10 Uhr — eröffnete der mir persönlich bekannte Direktor und Mitvorstand der Gesellschaft, Herr Fritz Liebmann in München, die Versammlung. Zunächst wurde festgestellt, daß die heutige Versammlung unter Bekanntgabe ihres Zweckes gemäß § 6 des Reichsgesetzes vom 4. Dezember 1899 zweimal im Deutschen Reichsanzeiger in Berlin vom 10. und 18. Dezember 1908, III. Beilage Nr. 301 und V. Beilage Nr. 309 veröffentlicht worden ist, wie durch Vorlegung dieser Blätter nachgewiesen wurde.

Da nach § 29 der Gesellschaftsstatuten außer dem Deutschen Reichsanzeiger weitere Blätter für die Bekanntmachungen der Gesellschaft nicht vorgesehen sind, erfolgte die Bekanntmachung noch durch zweimalige Einrückung in die Münchener Neuesten Nachrichten dahier, in welcher die Eintragungen in das Handelsregister bekannt gemacht werden, in Nr. 552 vom 19. Dezember und 555 vom 21. Dezember 1908, wie auch durch Vorlegung dieser Blätter nachgewiesen wurde. Nachdem sohin die Veröffentlichung unter Einhaltung der in § 6 des erwähnten Reichsgesetzes bestimmten Frist erfolgte, ist die Versammlung vorschriftsmäßig berufen.

II.

Sodann stellte der die Versammlung leitende Direktor Herr Fritz Liebmann ein Verzeichnis der erschienenen Gläubiger sowie des Betrages der von ihnen vertretenen Schuldverschreibungen auf, unterzeichnete es und legte es zur Einsicht auf. Hiernach sind vier Gläubiger anwesend, welche den Besitz von 105000 *M* Schuldverschreibungen mit 211 Stimmen ausweisen. Das Verzeichnis wird diesem Protokolle beigeheftet.

III.

Zum ersten Gegenstand der Tagesordnung — Neuwahl des Vertreters der Gläubiger — bemerkte der Herr Vorsitzende, daß der bisherige Vertreter der Gläubiger, die Bankfirma Naumann & Frankenstein dahier, in Liquidation getreten sei, weshalb die Wahl eines neuen Vertreters geboten sei. Er forderte zur Wahl auf und schlug als neuen Vertreter der Gläubiger die Bankfirma „Carl Morgenrot & Cie." offene Handelsgesellschaft in München vor.

Es wurde sofort zur mündlichen Abstimmung durch Zuruf geschritten und wurde die genannte Bankfirma einstimmig zum neuen Vertreter der Gläubiger gewählt.

Der Vorsitzende verkündete sofort dieses Wahlergebnis. Herr Bankier Erwin Morgenrot, amtsbekannt vertretungs- und zeichnungsberechtigter Teilhaber der Firma Carl Morgenrot & Cie., mir persönlich und in der bemerkten Eigenschaft bekannt, nahm die Wahl an.

Auf Antrag des Vorsitzenden beantragte die Versammlung einstimmig den neuen Vertreter der Gläubiger bei dem Pfandbesitztum der Schuldnerin im Grundbuch einzutragen; der amtierende Notar wird zur Formulierung und Einreichung dieses Antrages beim Grundbuchamte bevollmächtigt.

IV.

Zum zweiten Gegenstand der Tagesordnung — Umfang der Befugnisse und Verpflichtungen des neuen Vertreters der Gläubiger — schlug der Vorsitzende der Versammlung vor, es bezüglich der Befugnisse und Verpflichtungen des Vertreters der Gläubiger bei den Festsetzungen zu belassen, welche bei Ausgabe der Schuldverschreibungen in der Urkunde des K. Notariats . . . vom . . . Gesch.-Reg.-Nr. . . . getroffen wurden. Die sofort mündlich durch Zuruf vorgenommene Abstimmung ergab die einstimmige Annahme dieses Vorschlages.

Der Vorsitzende verkündete dieses Ergebnis und erklärte, daß somit die Befugnisse und Verpflichtungen des neuen Vertreters der Gläubiger in der bisherigen Weise festgelegt seien.

V.

Herr Julius Frankenstein, mir, dem Notar von Person und als vertretungs- und zeichnungsberechtigter Teilhaber der Firma Naumann & Frankenstein dahier bekannt, übergibt namens dieser Firma die Aktenstücke, darunter die vollstreckbare Ausfertigung der Schuld- und Verpfändungsurkunde . . . an Herrn Erwin Morgenrot, welcher namens der neuen Vertreterin der Gläubiger den Empfang bestätigt.

Hiermit war die Tagesordnung erschöpft und die Versammlung wurde geschlossen.

Die Aktiengesellschaft Aktienfahrradwerke München-Laim soll eine Ausfertigung dieser Urkunde erhalten, zu den Grundbuchsbeilagen ist eine beglaubigte Abschrift zu fertigen.

Samt Beilage vom Notare vorgelesen, vom Vorsitzenden Fritz Liebmann genehmigt und von ihm und dem amtierenden Notare eigenhändig unterschrieben.

57. Vertrag über die Errichtung einer Gesellschaft mit beschränkter Haftung.

Heute am . . . . erschienen vor mir Karl Winkler, K. Notar zu München, an der Amtsstelle des K. Notariats München III

1. Herr Karl Rodenstein, Bankier,
2. Herr Kurt Mühlmann, Rentier,

beide in München wohnhaft und mir, dem Notar, persönlich bekannt, und ersuchten mich, folgendes zu beurkunden.

§ 1.

Die Herren Karl Rodenstein und Kurt Mühlmann errichten hiermit nach Maßgabe des Gesetzes, betreffend die Gesellschaften mit beschränkter Haftung vom 20. April 1892 in der Fassung der Bekanntmachung vom 25. Mai 1898 eine Gesellschaft mit beschränkter Haftung unter der Firma

„Rodenstein & Mühlmann, Lotteriegeschäft, Gesellschaft mit beschränkter Haftung“.

§ 2.

Der Sitz der Gesellschaft ist München.

§ 3.

Gegenstand des Unternehmens ist die Übernahme von Lotterien, des Vertriebes von Losen und die Übernahme aller Arten von Kommissions- und Verlagsgeschäften.

Zur Erreichung des Gesellschaftszweckes ist die Gesellschaft auch befugt, weitere gleichartige oder ähnliche Unternehmungen zu erwerben, sich an solchen zu beteiligen oder deren Vertretung zu übernehmen.

§ 4.

Das Geschäftsjahr der Gesellschaft beginnt am 1. Juni eines jeden Jahres und endet am 31. Mai des nächstfolgenden. Das erste Geschäftsjahr beginnt mit der Eintragung der Gesellschaft und endet am 31. Mai 1910.

§ 5.

Das Stammkapital der Gesellschaft beträgt

250 000 *M*

(m. W.).

Auf dieses Stammkapital haben die Gesellschafter folgende Stammeinlagen zu machen:

1. Herr Karl Rodenstein	50 000 *M*
2. Herr Kurt Mühlmann	200 000 *M*
in Summa:	250 000 *M* (m. W.)

§ 6.

Herr Karl Rodenstein bringt in Anrechnung auf seine Stammeinlage von 50 000 *M* in die Gesellschaft ein:

1. das in dem beigehefteten Verzeichnis aufgeführte Inventar,
2. die Rechte aus den von ihm abgeschlossenen Lotterieverträgen, die in dem beigehefteten Verzeichnis aufgeführt sind.

Diese Sacheinlagen werden von der Gesellschaft zu dem Gesamtwerte von 50 000 *M* übernommen.

Die Stammeinlage des Herrn Kurt Mühlmann zu 200 000 *M* wird in Geld geleistet und vor Anmeldung der Gesellschaft bar eingezahlt.

§ 7.

Die Veräußerung von Teilen eines Geschäftsanteils, sei es an einen Gesellschafter oder an dritte Personen ist nur mit Genehmigung der Gesellschaft zulässig.

Für die Teilung von Geschäftsanteilen verstorbener Gesellschafter unter deren Erben ist eine Genehmigung der Gesellschaft nicht erforderlich.

§ 8.

Die Organe der Gesellschaft sind:

1. der Geschäftsführer,
2. die Versammlung der Gesellschafter.

§ 9.

Der Geschäftsführer vertritt die Gesellschaft und zeichnet für sie. Als Geschäftsführer wird Herr Karl Rodenstein bestellt. Er zeichnet für die Gesellschaft in der Weise, daß er der Firma die Namensunterschrift beifügt.

§ 10.

Alljährlich findet spätestens im Laufe des Monats April eine ordentliche Versammlung der Gesellschafter statt.

Die Versammlung beruft der Geschäftsführer; er leitet auch die Versammlung.

Die Versammlung ist beschlußfähig, wenn mindestens die Hälfte der Gesellschafter erschienen ist und die erschienenen Gesellschafter mindestens die Hälfte des Stammkapitals vertreten.

Soweit das Gesetz nicht eine größere Mehrheit verlangt, bedürfen die Beschlüsse der Gesellschaftsversammlung zu ihrer Gültigkeit der Mehrheit der abgegebenen Stimmen, wobei je 500 *M* eines Geschäftsanteils eine Stimme gewähren.

Kommt eine beschlußfähige Versammlung nicht zustande, so hat der Geschäftsführer das durch eingeschriebenen Brief sämtlichen Gesellschaftern bekannt zu geben; dabei hat er ihnen die Tagesordnung der nichtbeschlußfähigen Versammlung und die der Beschlußfassung unterstellten Anträge mitzuteilen und beizufügen, daß die Zustimmung derjenigen Gesellschafter zu den Anträgen angenommen wird, die innerhalb vierzehn Tagen keine Erklärung abgeben.

Erklären sich sämtliche Gesellschafter schriftlich mit der zu treffenden Bestimmung einverstanden, so bedarf es der Abhaltung einer Versammlung nicht.

§ 11.

Die Bilanz ist von dem Geschäftsführer in den ersten drei Monaten nach dem Schluß des Geschäftsjahres aufzustellen; über ihre Genehmigung und die Verteilung des Reingewinns beschließen die Gesellschafter entweder in der ordentlichen Versammlung oder auf dem in § 10 bezeichneten Weg.

Die Genehmigung der Bilanz schließt die Entlastung des Geschäftsführers in sich.

§ 12.

Soweit der Gesellschaftsvertrag keine Bestimmungen enthält, gelten die Vorschriften des Reichsgesetzes betreffend die Gesellschaften mit beschränkter Haftung.

§ 13.

Die Kosten der Gesellschaftserrichtung trägt die Gesellschaft; es sind ihr drei Ausfertigungen zu erteilen, für das Registergericht ist eine beglaubigte Abschrift dieses Vertrages zu fertigen.

58. Anmeldung einer Gesellschaft mit beschränkter Haftung zum Registergericht.

Ich, der endesunterzeichnete Karl Rodenstein, Geschäftsführer der Firma „Rodenstein & Mühlmann, Lotteriegeschäft, Gesellschaft mit beschränkter Haftung" in München, überreiche:

1. Beglaubigte Abschrift des notariell beurkundeten Gesellschaftsvertrages vom . . .
2. eine von mir unterschriebene Liste der Gesellschafter.

Ich bestätige und versichere, daß von der bar zu leistenden Stammeinlage ein Viertel, mindestens aber der Betrag von 250 *M* eingezahlt ist und daß sie sowie die Sacheinlage sich in der freien Verfügung des Geschäftsführers befindet.[1])

Ich melde hiermit die Gesellschaft zur Eintragung in das Handelsregister an und beziehe mich für die Vertretung der Gesellschaft auf den in Abschrift mitfolgenden Gesellschaftsvertrag.

Ich werde meine Namensunterschrift[2]) zeichnen wie folgt:

K. Rodenstein.

(Unterschriftsbeglaubigung.)

Liste der Gesellschafter
der
Firma Rodenstein & Mühlmann, Lotteriegeschäft, Gesellschaft mit beschränkter Haftung.

Name	Stand	Wohnort	Betrag der übernommenen Stammeinlage
Karl Rodenstein	Bankier	München	50 000 *M*
Kurt Mühlmann	Rentier	München	200 000 *M*

München, den . . . .

Karl Rodenstein.

---

[1]) Vgl. § 7 Absatz II und § 8 Absatz II des Gesetzes betreffend die Gesellschaften mit beschränkter Haftung.

[2]) § 8 Absatz III.

59. Anmeldung einer Gesellschaft mit beschränkter Haftung zum Handelsregister.

Ich endesunterzeichneter Georg Mayr, Geschäftsführer der Firma „Kurt Abt Installationsgeschäft, Gesellschaft mit beschränkter Haftung" in München, überreiche

1. Ausfertigung des notariell beurkundeten Gesellschaftsvertrages vom . . . .
2. eine von mir unterschriebene Liste der Gesellschafter.

Ich versichere, daß, soweit nicht andere als in Geld zu leistende Einlagen auf das Stammkapital gemacht sind, ein Viertel, mindestens aber der Betrag von 250 *M* eingezahlt ist und daß der Gegenstand der Leistungen sich in der freien Verfügung des Geschäftsführers befindet.

Ich zeichne meine Namensunterschrift wie folgt:

Georg Mayr

und melde die Gesellschaft sowie meine Person als Geschäftsführer zur Eintragung ins Handelsregister an.

Weiter melde ich unter Bezugnahme auf den Gesellschaftsvertrag an, daß die von mir vertretene Gesellschaft das von dem Installateur Kurt Abt in München bisher betriebene Installationsgeschäft ohne die Passiven übernommen hat und unter der bisherigen Firma mit dem Zusatz „Gesellschaft mit beschränkter Haftung" weiterführt.

Ich, mitunterzeichneter Kurt Abt, willige in die Fortführung der genannten Firma ein und beantrage meine Einzelfirma im Firmenregister zu löschen.

Ich Otto Eigen, Prokurist der Firma „Kurt Abt, Installationsgeschäft, Gesellschaft mit beschränkter Haftung", schließe mich der Anmeldung an, insbesondere melde ich meine Eigenschaft als Prokurist und meine Vertretungsmacht unter Bezugnahme auf den vorgelegten Gesellschaftsvertrag an und werde die Firma und meine Namensunterschrift vollziehen wie folgt:

Kurt Abt,
Installationsgeschäft
Gesellschaft mit beschränkter Haftung,
p. pa. Otto Eigen.

München, den . . . .

Georg Mayr. Kurt Abt. Otto Eigen.

Gesch.-Reg. Nr.

Die Echtheit vorstehender Unterschriften der in München wohnhaften Herren Georg Mayr, Kaufmann, Kurt Abt, Installateur, und Otto Eigen, Prokurist, ferner die Echtheit der im Texte stehenden Unterschrift des vorgenannten Georg Mayr sowie der Firmenzeichnung „Kurt Abt, Installationsgeschäft, Gesellschaft mit beschränkter Haftung" nebst Namensunterschrift des Otto Eigen, Prokurist in München, wird hiermit amtlich beglaubigt.

München am . . . .

K. Notariat . . . .

60. Antrag auf Ehelichkeitserklärung.

Heute am . . . . erschienen vor mir Karl Winkler, K. Notar zu München, an der Amtsstelle des K. Notariats München III

1. Herr Johann und Frau Therese Leidl, letztere geborene Schuster, Kaminkehrerseheleute in Regensburg, volljährig,
2. Herr Ludwig Mühl, Eisenbahnschaffner in Regensburg, handelnd als gerichtlich bestellter Vormund der minderjährigen Dorothea Ostermeir, außerehelich der ledigen Köchin Elise Ostermeir, aus Nabburg, nun verehelichten Breis in Friedberg,

alle mir, dem Notar, persönlich bekannt und ersuchten mich folgendes zu beurkunden:

Zunächst erklärt Herrn Johann Leidl: Ich erkenne hiermit wie schon früher an, daß ich der natürliche Vater des am 8. Mai 1903 von der ledigen Köchin Elise Ostermeir aus Nabburg, nun verehelichten Breis in Friedberg außerehelich geborenen Kindes Dorothea Ostermeir bin; dem Kinde will ich nunmehr die rechtliche Stellung eines ehelichen Kindes verschaffen. Ich brachte es schon im Jahre 1903 zu meiner Schwester Agnes Reiter in Landshut in Wart und Pflege, seit meiner im Juli 1904 erfolgten Verehelichung befindet es sich bei mir.

Ich stelle hiermit den Antrag,[1]) dieses Kind als mein eheliches zu erklären und nehme wegen der dazu erforderlichen Einwilligung[2]) der Kindsmutter Bezug auf den Beschluß des K. Amtsgerichts Regensburg als Vormundschaftsgerichts vom 2. November 1907. Dazu wird vom Notare festgestellt, daß nach diesem in Ausfertigung vorliegenden Beschlusse des K. Amtsgerichts Regensburg, der nach der Bestätigung des Gerichtsschreibers dieses Gerichts vom 27. November 1907 rechtskräftig ist, die von der Kindsmutter Elise Breis verweigerte Einwilligung zur Ehelichkeitserklärung auf den Antrag des Kindes durch das Vormundschaftsgericht auf Grund des § 1727 BGB. ersetzt worden ist. Herr Ludwig Mühl erklärt: Ich stimme dem Antrag auf Ehelichkeitserklärung der Dorothea Ostermeier zu und ersuche das Vormundschaftsgericht die Genehmigung zu erteilen.[3])

Frau Therese Leidl erklärt: Als Ehefrau des Antragstellers willige ich in die Ehelichkeitserklärung des Kindes ein.

Vorgelesen ꝛc.

61. Vertrag über Annahme an Kindes Statt.

Vorbemerkung. Zuständig zur Bestätigung (§ 1741 BGB.) ist das Amtsgericht des Wohnsitzes des Annehmenden (§ 65, 66 FGG.), die Zuständigkeit zur vormundschaftsgerichtlichen Genehmigung bestimmt der Wohnsitz des anzunehmenden Kindes (§§ 35, 43, 36 FGG., vgl. auch § 11 BGB.). — Hat das anzunehmende Kind das vierzehnte Lebensjahr vollendet, so muß es den Vertrag selbst schließen (§ 1750 Abs. I Satz 1 BGB.). Es bedarf aber der Einwilligung der Eltern (das außereheliche Kind der Einwilligung der Mutter) und der vormundschaftsgerichtlichen Genehmigung (§ 1751 Abs. II a. a. O.), das uneheliche Kind bedarf auch der Zustimmung des Vormunds —. Hat das Kind das vierzehnte Lebensjahr nicht vollendet, so muß der gesetzliche Vertreter den Vertrag schließen (§ 1750 Abs. I a. a. O). — Der Vertrag ist bei gleichzeitiger Anwesenheit zu schließen (§ 1750 II a. a. O.), doch muß das in der Urkunde nicht ausdrücklich festgestellt werden.

Heute am 1. August 1908 erschienen vor mir . . . ., K. Notare zu R. an der Amtsstelle . . . . .

1. Herr Josef und Frau Emma Schlicker, letztere eine geborene Singer, Zimmermeisterseheleute dahier, geschäftsfähig,

---

[1]) § 1723 BGB.
[2]) § 1726 BGB.
[3]) § 1728 BGB

2. Herr Karl und Frau Therese Bräuer, letztere eine geborene Zeis, Schmiedmeisterseheleute in Dingolfing,
3. der letzteren Tochter Else Bräuer, ledig, minderjährig (20 Jahre alt)

alle mir, dem Notar, persönlich bekannt und ersuchten mich bei gleichzeitiger Anwesenheit folgendes zu beurkunden:

I.

Die Eheleute Karl und Therese Bräuer sind die leiblichen Eltern der miterschienenen, laut des vorliegenden Geburtszeugnisses des katholischen Pfarramtes L. vom 1. Juli 1906 am 26. Juli 1888 von der Ehefrau Therese Bräuer außerehelich geborenen Else Bräuer, welche durch die am 28. Oktober 1890 nachgefolgte Ehe ihrer Eltern legitimiert worden ist.

Die Eheleute Josef und Emma Schlicker, von welchen der Ehemann nach vorliegendem Zeugnis des katholischen Pfarramts S. vom 1. August 1907 am 23. Juli 1848, die Ehefrau nach vorliegendem Zeugnis des katholischen Pfarramts O. vom 11. März 1907 am 22. September 1847 geboren ist, haben nach dem vorliegenden Zeugnisse des Stadtmagistrats R. vom heutigen keine Abkömmlinge.

II.

Die Eheleute Josef und Emma Schlicker haben beide das 50. Lebensjahr vollendet und sind um mehr als 18 Jahre älter als die 20 Jahre alte Else Bräuer. Sie vereinbaren mit ihr was folgt:

Die Eheleute Schlicker nehmen hiermit die minderjährige Else Bräuer als gemeinschaftliches Kind an; letztere nimmt davon Kenntnis, daß sie dadurch die rechtliche Stellung eines gemeinschaftlichen ehelichen Kindes der Eheleute Schlicker erlangt und nach Bestätigung dieses Vertrages den Familiennamen des Josef Schlicker zu führen hat. Die Vertragsteile ersuchen um die vormundschaftsgerichtliche Genehmigung dieses Vertrages durch das Amtsgericht Dingolfing und ermächtigen den Notar zur Entgegennahme und Mitteilung dieser Genehmigung für sie.

III.

Die Eheleute Karl und Therese Bräuer geben zu vorstehendem Vertrage ihre elterliche Einwilligung und nehmen davon Kenntnis, daß sie durch diesen Vertrag die elterliche Gewalt über Else Bräuer verlieren.

Sämtliche Erschienenen erkennen an, daß Else Bräuer Vermögen nicht besitzt, und ersuchen um Bestätigung des Vertrages durch das zuständige Amtsgericht R.; der Notar soll nach Erteilung der vormundschaftsgerichtlichen Genehmigung den Vertrag diesem Gerichte vorlegen.

IV.

Die Eheleute Schlicker übernehmen alle Kosten und erhalten eine Ausfertigung dieser Urkunde.

Vorgelesen ꝛc.

62. Vertrag über Annahme an Kindes Statt.

Heute am 20. August 1908 erschienen vor mir Karl Winkler, K. Notar zu Augsburg, an der Amtsstelle des K. Notariats Augsburg III.

1. Herr Georg und Frau Amalie Heiß, letztere eine geborene Seidl, Schlossersehegatten in Augsburg,
2. Herr Jakob Schiele, Zimmermann in Deuringen, handelnd als Vormund für den am 22. März 1903 geborenen Maurerssohn Hans Dollinger von Deuringen, auf Grund vorgelegter Bestallung des K. Amtsgerichts Augsburg vom 1. April 1906.

Die Persönlichkeit der Erschienenen wurde mir in überzeugender Weise bestätigt durch den mir persönlich bekannten Herrn Emil Zinsmeister, Gastwirt dahier, laut dessen Unterschrift.

Auf Ansuchen beurkundete ich bei gleichzeitiger Anwesenheit beider Vertragsteile folgenden Vertrag, dessen Gültigkeit ausdrücklich von der zu erholenden vormundschaftsgerichtlichen Genehmigung des K. Amtsgerichts Augsburg abhängig gemacht wird.

I.

Die Schlossersehegatten Georg und Amalie Heiß, von welchen laut vorliegenden Familienstandszeugnisses des Stadtmagistrats Augsburg vom Gestrigen der Ehemann am 29. November 1867, die Ehefrau am 9. Oktober 1862 geboren ist, haben nach ihrer Angabe im Herbste 1903 den Maurerssohn Hans Dollinger von Deuringen in Pflege genommen und seitdem bei sich behalten.

Diesem Kinde wollen die Eheleute Heiß nunmehr die Stellung eines gemeinschaftlichen ehelichen Kindes verschaffen.

Dazu wird vom Notare zunächst folgendes festgestellt:

Hans Dollinger ist laut des vorliegenden beglaubigten Auszugs aus dem Geburtshauptregister des Standesamts Deuringen — Geburtsurkunde Nr. 21 vom 25. März 1903 — am 22. März 1903 in Deuringen geboren. Sein Vater Georg Dollinger, Maurer in Deuringen, ist laut des vorliegenden beglaubigten Auszugs aus dem Sterbehauptregister des genannten Standesamts — Sterbeurkunde Nr. 39 vom 18. August 1902 — am 18. August 1902, seine Mutter Anna Dollinger laut des beglaubigten Auszugs aus dem gleichen Sterbehauptregister — Sterbeurkunde Nr. 48 vom 31. August 1903 — am 30. August 1903 gestorben.

Laut des erwähnten Familienstandszeugnisses besitzen die Eheleute Heiß keine Abkömmlinge. Sie sind um mehr als 18 Jahre älter als das Kind Hans Dollinger; sie haben allerdings das vom Gesetze (1744 BGB.) geforderte 50. Lebensjahr noch nicht vollendet, es wurde ihnen jedoch mit allerhöchster Entschließung vom 17. Mai 1907 Befreiung von dem Erfordernisse des § 1744 BGB. bewilligt.

II.

Die Eheleute Georg und Amalie Heiß und der Vormund Jakob Schiele vereinbaren was folgt:

Die Eheleute Heiß nehmen das Kind Hans Dollinger als gemeinschaftliches Kind an; Herr Schiele nimmt namens seines Mündels davon Kenntnis, daß dieses hierdurch die rechtliche Stellung eines ehelichen Kindes der Annehmenden erlangt und nach Bestätigung dieses Vertrages den Familiennamen der Annehmenden zu führen hat. Ferner ist Jakob Schiele davon unterrichtet, daß mit diesem Zeitpunkt die Vormundschaft über das Kind endet. Er ersucht um vormundschaftliche Genehmigung des Vertrages und ermächtigt den Notar zur Entgegennahme und Mitteilung der Genehmigung für ihn an die Eheleute Heiß; letztere ermächtigen den Notar zur Entgegennahme der Mitteilung für sie.

Die Erschienenen erkennen an, daß Hans Dollinger zurzeit kein Vermögen besitzt und ersuchen um Bestätigung des Vertrages durch das zuständige Amtsgericht Augsburg; der Notar soll nach der vormundschaftsgerichtlichen Genehmigung diesem Gerichte den Vertrag vorlegen. Die Eheleute Heiß übernehmen alle Kosten und erhalten eine Ausfertigung dieser Urkunde.

Vorgelesen 2c.

63. Vertrag über Annahme an Kindes Statt.

Heute am 3. Oktober 1908 erschienen vor mir Karl Winkler, K. Notar zu München, an der Amtsstelle des K. Notariats München III

1. Herr Karl Höß, Privatier, und seine Gattin Frau Rosa Höß, geborene Hartmann, beide in Dachau wohnhaft, geschäftsfähig,
2. Fräulein Else Hartmann, Tochter der vorgenannten Rosa Höß, wohnhaft in Dachau,
3. Herr Georg Neumann, Kaufmann in München, handelnd als gerichtlich bestellter Vormund für die vorgenannte Else Hartmann auf Grund vorgelegter Bestallung des K. Amtsgerichts Dachau vom 10. Mai 1900;

alle sind mir persönlich bekannt und ersuchten mich bei gleichzeitiger Anwesenheit folgendes zu beurkunden:

I.

Frau Rosa Höß hat laut des vorliegenden beglaubigten Auszugs aus dem Geburtsregister des Standesamts D. vom . . . . am 11. Februar 1891 außerehelich ein Kind, die heute erschienene Else Hartmann, geboren, dessen natürlicher Vater Herr Karl Höß nicht ist.

Herr Karl Höß ist laut der Feststellung in der mir in beglaubigtem Auszug vom 1. Juli 1907 vorgelegten Heiratsurkunde des Standesamts D. vom 5. März 1907 am 6. Januar 1828 geboren und hat laut Bestätigung des Stadtmagistrats D. vom heutigen weder aus seiner früheren noch aus seiner jetzigen Ehe Abkömmlinge; er will dem Kinde die rechtliche Stellung eines gemeinschaftlichen ehelichen Kindes verschaffen.

II.

Zu diesem Zwecke vereinbart Herr Karl Höß mit Fräulein Else Hartmann folgenden Vertrag, wobei die Voraussetzungen des § 1744 BGB. gegeben sind:

Herr Karl Höß nimmt hiermit Fräulein Else Hartmann an Kindes Statt an; letztere ist davon unterrichtet, daß sie durch diese Annahme die rechtliche Stellung eines gemeinschaftlichen ehelichen Kindes beider Eheleute Höß erlangt und nach gerichtlicher Bestätigung dieses Vertrags den Familiennamen des Annehmenden zu führen hat.

Sämtliche Beteiligte erkennen an, daß Else Hartmann Vermögen nicht besitzt.

Herr Georg Neumann stimmt als gesetzlicher Vertreter der Angenommenen dem Vertrage zu.

Frau Rosa Höß willigt sowohl als Ehefrau des Annehmenden [1]) wie als Mutter der Angenommenen [2]) ein.

III.

Die Vertragsteile ersuchen das K. Amtsgericht Dachau, dem Vertrag die Bestätigung sowie die vormundschaftsgerichtliche Genehmigung zu erteilen. Zur Entgegennahme der letzteren und zu deren Mitteilung für das Kind an den Annehmenden sowie zur Entgegennahme dieser Mitteilung wird der Notar ermächtigt.

Herr Karl Höß trägt die sämtlichen Kosten und erhält eine Ausfertigung dieser Urkunde.

Vorgelesen 2c.

64. Vertrag über religiöse Kindererziehung.

Heute am . . . . erschienen vor mir Karl Winkler, K. Notar zu München, an der Amtsstelle des K. Notariats München III

1. Herr Franz Keil, Gastwirt in München, und seine Braut
2. Fräulein Marie Schmidt, Maurerstochter in Aubing,

beide ledig, volljährig und mir, dem Notar, persönlich bekannt und ersuchten mich bei gleichzeitiger Anwesenheit folgendes zu beurkunden:

---

[1]) § 1746 Abs. I BGB.
[2]) § 1747 BGB.

Franz Keil und Marie Schmidt beabsichtigen sich zu heiraten; der Bräutigam gehört nach seiner Angabe der protestantischen, die Braut nach ihrer Angabe der katholischen Konfession an. Sie vereinbaren mit Rücksicht auf die Verschiedenheit ihres Glaubensbekenntnisses, daß alle aus ihrer Ehe zu erwartenden Kinder beiderlei Geschlechts nach katholischem Ritus getauft und ebenso wie das vorhandene außereheliche ein Jahr alte Kind der Braut, namens Karl Schmidt, dessen natürlicher Vater der Bräutigam ist und welches katholisch getauft ist, nach den Lehren und Grundsätzen der katholischen Kirche erzogen und unterrichtet werden sollen. Die Vertragsteile tragen die Kosten gemeinsam und erhalten eine Ausfertigung.

Vorgelesen 2c.

65. Ehevertrag.

(Über Gütertrennung.)

Heute am . . . . erschienen vor mir Karl Winkler, K. Notar zu München, an der Amtsstelle des K. Notariats München III

1. Herr Johann Dingler, Friseur in M., ledig, volljährig,
2. dessen Braut, Fräulein Anna Lang, Damenschneiderin in M., zwanzig Jahre alt,
3. der letzteren Mutter, Frau Viktoria Lang, Maurerswitwe in M.,

alle mir, dem Notar, persönlich bekannt und ersuchten mich bei gleichzeitiger Anwesenheit folgendes zu beurkunden:

Herr Johann Dingler und Fräulein Anna Lang werden sich demnächst heiraten. Sie vereinbaren für ihre Ehe vollständige Gütertrennung nach den Vorschriften der §§ 1427 bis 1431 BGB.; jedem der Ehegatten soll also das Vermögen, das er bei Eingehung der Ehe besitzt und künftig auf welche Weise immer erwirbt, allein verbleiben und das Vermögen der Frau soll der Verwaltung und Nutznießung des Mannes entzogen sein.

Nach Angabe der Vertragsteile besitzt die Braut eine Wohnungseinrichtung im Werte zu 700 *M* (m. W.), der Bräutigam kein nennenswertes Vermögen.

Die Vertragsteile beantragen die Einschreibung des Güterstandes nach Vollzug der Eheschließung im amtsgerichtlichen Güterrechtsregister durch Vermittlung des amtierenden Notars, und verzichten auf Bekanntgabe des Vollzugs.

Die Vertragsteile tragen die Kosten und erhalten eine Ausfertigung. Frau Viktoria Lang stimmt dem Vertrage als die gesetzliche Vertreterin ihrer Tochter zu.

Vorgelesen 2c.

66. Ehe- und Erbvertrag.

(Allgemeine Gütergemeinschaft).

Heute am . . . . erschienen vor mir Karl Winkler, K. Notar zu München, an der Amtsstelle des K. Notariats München III

die Gastwirtseheleute Anton und Katharina Stemmer in München, Pilgersheimerstraße 71 wohnhaft, mir, dem Notar, persönlich bekannt und ersuchten mich bei gleichzeitiger Anwesenheit folgendes zu beurkunden:

I.

Die Erschienenen haben im Jahre 1893 mit dem ersten ehelichen Wohnsitze in München geheiratet und bisher einen Ehevertrag nicht geschlossen. Sie leben sohin im gesetzlichen aus der Errungenschaftsgemeinschaft des Bayerischen Landrechts übergeleiteten Güterstande des BGB. Sie vereinbaren für die fernere Dauer ihrer Ehe allgemeine Gütergemeinschaft nach den Vorschriften des BGB.; ihr ganzes beiderseitiges Vermögen, das sie zurzeit besitzen und künftig auf welche Weise immer erwerben, wird hiernach Gesamtgut. Ein Vorbehaltsgut wird von keiner Seite ausbedungen.

Die Vertragsteile beantragen die Eintragung des vereinbarten Güterstandes im Grundbuche des K. Amtsgerichts München für Giesing Bd. 36, S. 351, Bl. 673 in Abt. I bei dem daselbst eingetragenen Anwesen Haus-Nr. 71 an der Pilgersheimerstraße und verzichten auf Bekanntgabe des Vollzugs. Eine Einschreibung des Güterstandes im amtsgerichtlichen Güterrechtsregister soll nicht erfolgen.

II.

Für künftige Todesfälle vereinbaren die Erschienenen im Wege des Erbvertrages was folgt:

Die Erschienenen setzen sich gegenseitig zu ausschließlichen Erben ein; eine Fortsetzung der Gütergemeinschaft mit etwa vorhandenen gemeinschaftlichen Abkömmlingen soll nicht stattfinden. Der überlebende Eheteil soll nur gehalten sein, an etwa beim Erbfalle vorhandene Kinder oder Elternteile des Vorversterbenden den gesetzlichen Pflichtteil in bar zu zahlen.

III.

Die Erschienenen tragen die Kosten gemeinsam und erhalten eine Ausfertigung dieser Urkunde, deren besondere amtliche Verwahrung nicht verlangt wird. Ihr Vermögen geben die Vertragsteile auf 60000 *M* an.

Vorgelesen rc.

67. Erbvertrag.

Heute am . . . . erschienen vor mir Karl Winkler, K. Notar zu München, an der Amtsstelle des K. Notariats München III

1. Stefan und Elise Braun, Gütlersehleute in Obermenzing,
2. als zu diesem Akte erbetene und nach ihrer Angabe einredefreie Zeugen
   a) Karl Diemer, Melber dahier,
   b) August Lehr, Goldschmied dahier,

sämtliche mir, dem Notar, persönlich bekannt.

Da die Eheleute Braun erklärten, einen Erbvertrag errichten zu wollen, habe ich mich durch ein mit ihnen geführtes Gespräch überzeugt, daß beide zweifellos geschäftsfähig sind.

In Gegenwart der beiden Zeugen erklärten mir sodann die Eheleute Braun mündlich ihren letzten Willen und ich beurkundete ihn nach ihren nachstehenden Erklärungen wie folgt: . . . .

Hierüber Protokoll, errichtet in ununterbrochener Gegenwart aller dabei mitwirkender Personen in einem Akte, vom Notare selbst vorgelesen, von den Eheleuten Braun vor den Zeugen genehmigt und von ihnen, den Zeugen und mir, dem Notar, eigenhändig unterschrieben.

68. Gemeinschaftliches Testament.

Heute am . . . . begab ich Johannes Kugler, K. Notar in R., mich auf Ansuchen hierher in das Anwesen Haus-Nr. 26 an der Schäfflerstraße in R., wo ich in einem Zimmer rechts zur ebener Erde folgende mir persönlich bekannte Personen antraf:

1. die Schuhmacherseheg atten Franz und Anna Mayer dahier; ersterer liegt krank im Bette, ist jedoch ebenso wie seine Ehefrau im vollen Gebrauche der Geisteskräfte, wie ich mich durch ein mit ihnen geführtes Gespräch überzeugt habe,
2. als von den Erblassern zugezogene und nach ihrer Angabe hierzu taugliche Zeugen:
   a) Christian Mohr, Schneidermeister hier,
   b) Karl Kundler, Privatier dahier.

Vor letzteren beiden ersuchten mich die Eheleute Mayer, nachstehende letztwillige Verfügung zu beurkunden, und erklärten in Gegenwart der beiden Zeugen mündlich folgendes als ihren gemeinschaftlichen letzten Willen:

Wir setzen uns gegenseitig zu ausschließlichen Erben ein. Nach dem Tode des Letztversterbenden soll unser beiderseitiger Nachlaß an unsere beiden Kinder Max und Moriz Mayer zu gleichen Hälfteanteilen fallen. Dabei bestimmen wir, daß unser Sohn Max Mayer seinen Anteil am Nachlasse nur als Vorerbe erhalten soll und wir setzen zu unseren Nacherben auf den Anteil des Max Mayer dessen Kinder Karl und Regina Mayer ein.

Die Vertragsteile wurden auf die Bestimmungen des § 2306 BGB. aufmerksam gemacht und erklären, daß sie sich dieser Vorschriften wohlbewußt sind und ihre Anordnungen in Kenntnis dieser Bestimmungen und der übrigen Vorschriften über das Pflichtteilsrecht getroffen haben.

Hierüber Protokoll, errichtet in ununterbrochener Gegenwart aller dabei mitwirkenden Personen in einem Akte, vom Notare selbst vorgelesen, von den Eheleuten Mayer vor den Zeugen genehmigt und von ihnen, den Zeugen und mir, dem Notar, eigenhändig unterschrieben.

69. Testament.[1])

(Durch Übergabe einer Schrift.)

Heute am . . . . erschienen vor mir Karl Winkler, K. Notar zu München, an der Amtsstelle des K. Notariats München III

1. Frau Anna Huber, Kaufmannswitwe,
2. als zugezogene und nach ihrer Angabe taugliche Zeugen
   a) Karl Weber, Friseur,
   b) Otto Mayer, Uhrmacher,

sämtliche dahier wohnhaft und mir, dem Notar, persönlich bekannt.

Frau Anna Huber übergab mir in Gegenwart der beiden Zeugen ein auf zwei zusammengehefteten weißen Papierbögen beschriebenes und von ihr unterschriebenes Schriftstück mit der von ihr in Gegenwart der beiden Zeugen mündlich abgegebenen Erklärung, daß das Schriftstück ihren letzten Willen enthalte und daß sie mich um Errichtung ihres Testaments ersuche. Diesem Ansuchen entsprechend habe ich die mir von Frau Anna Huber als ihr Testament übergebene Schrift an mich genommen und diesem Protokolle beigelegt, um sodann beides nach Vorschrift zu verschließen.

Sämtliche bei der Errichtung des Testaments mitwirkenden Personen waren während der ganzen Verhandlung zugegen.

Hierüber Protokoll, errichtet in ununterbrochener Verhandlung, vorgelesen vom Notar, von der Erblasserin genehmigt und von ihr, den Zeugen und mir, dem Notar, eigenhändig unterschrieben.

---

[1]) Vgl. hierzu NotGeschOrd. §§ 220—232 u. JME. vom 13. Januar 1900 Nr. 1249, abgedruckt in d. Bayer. Notariats-Generaliensammlung 1900/1905 Seite 2.

70. Uebernahme eines eigenhändigen Testaments in amtliche Verwahrung.

Heute am . . . . erschien vor mir Karl Winkler, K. Notar zu München, an der Amtsstelle des K. Notariats München III

Frau Sybille Kruschwitz, Kunstmalerswitwe dahier, mir, dem Notar, persönlich bekannt.

Sie ersuchte mich, ihr eigenhändiges Testament in amtliche Verwahrung zu nehmen. Zu diesem Zwecke übergab sie mir einen blauen Briefumschlag, auf der Vorderseite mit „Testament der Frau Sybille Kruschwitz" überschrieben und auf der Rückseite mit zwei Privatsiegeln verschlossen. Dem Ansuchen entsprechend nahm ich den Briefumschlag an mich und legte ihn diesem Protokolle bei, um sodann beides nach Vorschrift in amtliche Verwahrung zu nehmen.

Vorgelesen 2c.[1])

71. Uebernahme eines Dorftestaments.

Heute am . . . . erschien vor mir Karl Winkler, K. Notar zu München, an der Amtsstelle des K. Notariats München III

Herr Alois Mittermeier, Bauer und Bürgermeister in Ismaning, mir persönlich bekannt.

Er erklärte mit dem Ersuchen um Beurkundung, daß er das von ihm errichtete Testament des Söldners Josef Lang in Ismaning zum Zwecke der Übernahme in die besondere amtliche Verwahrung übergeben wolle. Zu diesem Zwecke übergab er mir einen verschlossenen Briefumschlag, überschrieben mit „Testament des Söldners Josef Lang von Ismaning vom 30. Mai 1909" mit der Erklärung, daß in diesem Verschlusse das von ihm gemäß § 2249 BGB. errichtete Testament des Söldners Josef Lang von Ismaning enthalten sei, das er in besondere amtliche Verwahrung zu übernehmen ersuche. Ich übernahm dieses Testament und legte es diesem Protokolle bei.

Vorgelesen 2c.[2])

---

[1]) Vgl. §§ 238, 239 NotGeschOrdg.

[2]) Vgl. hierzu JMBek. vom 24. Dez. 1900, JMBl. 1901 S. 21.

72. Testamentszurückgabe.

Heute am . . . . erschien vor mir Karl Winkler, K. Notar zu München, an der Amtsstelle des K. Notariats München III

Herr Adolf Minzinger, Kaufmann dahier,

mir, dem Notar, persönlich bekannt.

Er ersuchte mich, ihm das von ihm am 1. Februar 1901 errichtete eigenhändige Testament zurückzugeben, welches am 10. Februar 1901 unter GeschReg. Nr. 307 in besondere amtliche Verwahrung genommen wurde. Da keine Bedenken entgegenstanden, Herr Adolf Minzinger auch zweifellos geschäftsfähig ist, habe ich dem Ansuchen entsprochen und dem Erschienenen den sein Testament enthaltenden mit zwei Privatsiegeln verschlossenen Briefumschlag samt Übergabsurkunde ausgehändigt.[1]) Der Erschienene erkennt die Identität des ihm ausgehändigten Briefumschlags und die Unverletztheit des Verschlusses an und bestätigt den Empfang des Testaments samt Übernahmsurkunde.

Vorgelesen 2c.

73. Erbverzicht.

Heute am . . . . erschienen vor mir, Karl Winkler, K. Notar zu München, an der Amtsstelle des K. Notariats München III

1. Frau Anna Schellhorn, Gütlerswitwe in Obermenzing,
2. deren Sohn Josef Schellhorn, Maurer dortselbst, ledig, volljährig,

beide mir, dem Notar, persönlich bekannt. Frau Anna Schellhorn ist nach ihrer Angabe und nach Überzeugung des amtierenden Notars blind und erklärte sich demgemäß außerstande, ihren Namen zu schreiben. Es wurden deshalb als Zeugen zugezogen:[2])

3. Herr August Merl, Bierführer dahier,
4. Herr Karl Unterladstätter, Dienstmann hier,

mir gleichfalls persönlich bekannt.

---

[1]) Bei notariellen Testamenten ist die Belehrung beizufügen, daß das Testament durch die Zurückgabe seine Wirksamkeit verliert und als widerrufen gilt. § 2256 BGB. NotGeschOrdg. § 240.

[2]) Vgl. GFG. § 169, NotGeschOrdg. § 104.

Auf Ansuchen beurkundete ich, was folgt:

Josef Schellhorn bekennt, von seiner Mutter Anna Schellhorn das ihm zugewiesene Elterngut, sohin insbesondere auch seinen väterlichen Erbteil erhalten zu haben. Dieses Elterngut beträgt 1500 *M*.

Dagegen verzichtet Josef Schellhorn ein für allemal auf sein gesetzliches Erbrecht gegenüber seiner Mutter und zwar für sich und seine Abkömmlinge.

Frau Anna Schellhorn nimmt diesen Erbverzicht ihres Sohnes an, trägt die Kosten und erhält eine Ausfertigung dieser Urkunde.

Hierüber Protokoll, vom Notare den Erschienenen vorgelesen, von den Vertragsteilen vor den Zeugen genehmigt und von den Erschienenen mit Ausnahme der Frau Anna Schellhorn eigenhändig unterschrieben.

74. Testamentseröffnung.

Heute den . . . . vormittags 9 Uhr steht vor mir, Karl Winkler, K. Notar zu R., im Amtszimmer des K. Notariats R. in Sachen betreffend den Nachlaß des am 19. Juli 1908 in Nürnberg verstorbenen Hofmusikers Willy Wagner, früher dahier wohnhaft, Termin an zur Eröffnung und Verkündung des in meiner Verwahrung befindlichen Testaments vom 1. Oktober 1893 GeschReg. Nr. 1403.

Als einziger bekannter Beteiligter war zum heutigen Termin der Sohn des Verstorbenen, Karl Wagner, Prokurist in Wien, geladen. Zur festgesetzten Stunde ist Niemand erschienen.

Ich, der Notar, habe das Testament nebst Übernahmeprotokoll vom 1. Oktober 1893 GeschReg. Nr. 1403 aus der besonderen amtlichen Verwahrung genommen und das Testament, dessen Verschluß und Siegel ich unversehrt befunden habe, mit der Schere geöffnet. Dem Umschlag des Testamentes habe ich sodann einen auf drei Seiten beschriebenen Bogen weißen Papieres entnommen. Das Schriftstück beginnt mit der Überschrift: „Mein letzter Wille" und schließt mit der Unterschrift: „Willy Wagner".

Auffälliges zeigte das Testament nicht.

Hierauf habe ich das Testament durch wortdeutliches Verlesen verkündet.

Über die Höhe des Nachlasses ist nichts bekannt. Die Akten werden an das Nachlaßgericht, K. Amtsgericht Nürnberg, abgegeben.

Hierüber Protokoll, von mir, dem Notar, vorgelesen und Unterschrift und Amtssiegel versehen.[1])

75. Nachlass-Verzeichnis
zur Nachlasssache der ledigen Privatiere Regina Schlessinger in R., gestorben am 6. Juli 1909.

Heute am 10. Juli 1909 habe ich Karl Wittmann, K. Notar in R., zufolge Auftrags des K. Amtsgerichts R. das Nachlaßverzeichnis errichtet und beurkundet wie folgt. Vorher — am 8. Juli 1909 — waren die vom Stadtmagistrat R. an das Nachlaßgericht abgegebenen Wertpapiere samt Bargeld und dem Schlüssel zur Sterbewohnung der Erblasserin im Anwesen Haus-Nr. 41 an der Frauenstraße dahier erholt worden. Ich begab mich an genanntem Tage zunächst in die Sterbewohnung im zweiten Stockwerk des Anwesens, woselbst ich die Türe mit dem vom Schutzmann Häring angelegten Siegel verschlossen vorfand. Da es unverletzt war, habe ich es entfernt, mit dem Schlüssel die Türe geöffnet und sodann die in der Wohnung vorgefundenen Gegenstände verzeichnet.

Bei der Durchsuchung der Wohnung, die trotz des gedrängten Inhalts der einzelnen Kästen ꝛc. eingehend und gründlich gepflogen wurde, fand sich keine letztwillige Verfügung der Erblasserin vor, auch keine weiteren Wertpapiere und Kostbarkeiten, wohl aber 70 *M* (m. W.) in barem in einer Geldbörse unter der Wäsche, die zu amtshanden genommen wurden.

Nach der Durchsuchung wurde die Wohnung wieder abgesperrt und zum Ersatz für das abgenommene polizeiliche Siegel das Amtssiegel über dem Schlüsselloch angebracht.

---

[1]) Vgl. hierzu Nachlaßgesetz Art. 2 Abs. II.

Als zum Nachlaß gehörig wurden folgende Mobilien in der Wohnung vorgefunden und verzeichnet:

1. im Wohn- und Küchenzimmer: . . . .
2. im zweiten Zimmer: . . . .

Nach der vorgefundenen Feuerversicherungspolice sind diese Mobilien mit 1150 *M* gegen Feuersgefahr versichert.

Sodann gehören zum Nachlaß die folgenden zu amtshanden genommenen Gegenstände:

a) Bargeld 70 *M*,
b) ein Sparbuch über . . . .
c) Wertpapiere: . . . .

Diese Werte werden bei der K. Filialbank R. für das Nachlaßgericht amtlich hinterlegt werden.

Ein Beteiligter konnte zu dieser Verhandlung nicht beigezogen werden, da Verwandte der Erblasserin nicht bekannt sind.

Hierüber Protokoll, mit Unterschrift und mit Amtssiegel versehen.[1])

76. Versicherung an Eides Statt.

Heute am . . . . erschien vor mir Karl Winkler, K. Notar zu München, an der Amtsstelle des K. Notariats München III

Herr Anton Meindl, Kaufmann in München, mir, dem Notar, persönlich bekannt.

Der Erschienene erklärte, daß er eine Versicherung an Eidesstatt abgeben wolle und mich um deren Beurkundung ersuche.

Ich, der Notar, habe daher den Erschienenen auf die Folgen einer trotz Versicherung an Eidesstatt unwahren Aussage vor einer zuständigen Behörde, insbesondere auf die Bestimmungen des § 156 des RStGB. aufmerksam gemacht, worauf Herr Anton Meindl unter der eidesstattlichen Versicherung, daß seine nachstehenden Angaben wahr seien, mit dem Ersuchen um Beurkundung erklärte:

1. zur Person: (Personalien, insbesondere auch über etwa erlittene Vorstrafen) . . . .
2. zur Sache: . . . .

[1]) Vgl. hierzu NotGeschOrdg. § 274 in der Fassung der Bekanntmachung vom 5. Juli 1903.

(Unter Umständen: Der Erschienene ist vom Notare darüber belehrt worden, daß er zur Verweigerung des Zeugnisses über solche Fragen berechtigt ist, deren Beantwortung ihm zur Unehre gereichen oder die Gefahr strafgerichtlicher Verfolgung zuziehen würde; der Erschienene versicherte jedoch an Eides Statt, daß ihm nichts bekannt sei, was der Richtigkeit seiner Angaben entgegenstehe.)

Der Erschienene trägt die Kosten und ersucht um Hinausgabe der Urkunde in Urschrift.[1])

Vorgelesen vom Notar, vom Erschienenen genehmigt und eigenhändig unterschrieben.

77. Versicherung an Eides Statt.

(Nach § 2354 BGB.)

Heute am . . . . erschien vor mir Karl Winkler, K. Notar zu München, an der Amtsstelle des K. Notariats München III

Herr Anton Meindl, Kaufmann in München, mir, dem Notar, persönlich bekannt.

Der Erschienene erklärte, daß er eine Versicherung an Eides Statt abgeben wolle und mich um deren Beurkundung ersuche.

Ich, der Notar, habe daher den Erschienenen auf die Folgen einer trotz Versicherung an Eides Statt unwahren Aussage vor einer zuständigen Behörde, insbesondere auf die Bestimmungen des § 156 RStGB. aufmerksam gemacht, worauf der Erschienene unter der eidesstattlichen Versicherung, daß seine nachstehenden Angaben wahr seien, mit dem Ersuchen um Beurkundung erklärte:

Ich bin der einzige Bruder des am 5. Juli 1909 in Moosach im ledigen Stande verstorbenen Fuhrknechts Peter Schoen von Endorf. Weitere Geschwister von uns beiden sind und waren nicht am Leben. Meine Eltern sind schon gestorben. Ich bin daher der ausschließliche Erbe des Peter Schoen.

Mir ist nichts bekannt, was der Richtigkeit folgender Angaben entgegensteht, daß nämlich

---

[1]) Vgl. hierzu NotGeschOrdg. § 262 ff.

a) weitere Personen, durch die ich von der Erbfolge ausgeschlossen oder mein Erbteil gemindert würde, nicht vorhanden sind noch waren,
b) eine letztwillige Verfügung des Erblassers nicht vorhanden ist,
c) ein Rechtsstreit über mein Erbrecht nicht anhängig ist.

Ich beantrage die Erteilung eines Erbscheins für mich, trage die Kosten und ersuche um Aushändigung dieser Urkunde in Urschrift.

Vorgelesen ꝛc.

78. Renten-Nachweis.

Heute am . . . . erschien vor mir Karl Winkler, K. Notar zu München, an der Amtsstelle des K. Notariats München III

Herr August Lemke, Sergeant im 1. Infanterieregiment in München, über dessen Persönlichkeit ich mir Gewißheit verschaffte durch Einsichtnahme seines von ihm vorgelegten Soldbuches, sowie seiner von ihm vorgelegten Geburtsurkunde, ausgestellt vom Standesamte Erfurt am 11. Oktober 1899.

Der Erschienene erklärte, daß er sich demnächst mit der volljährigen Hausmeisterstochter Marie Staimer dahier verheiraten werde. Behufs Erlangung der dienstlichen Verehelichungsbewilligung müsse er den Nachweis einer aus Privatmitteln stammenden Jahresrente von 50 *M* (m. W.) erbringen, was durch diese Urkunde geschehen solle.

Zu diesem Zwecke übergab der Erschienene einen Hypothekenpfandbrief der Bayerischen Handelsbank in München über 2000 *M*, verzinslich zu $3^1/_2$ %, zahlbar in halbjährigen Raten zu je 35 *M* — Serie 35 Lit. A Nr. 050385 — mit Zinsscheinen, nächster fällig am 1. Mai 1910 nebst Erneuerungsschein.

Dieser Hypothekenpfandbrief wirft eine jährliche Rente von 70 *M* ab; der Erschienene erklärte, daß der Pfandbrief sein freies unbeschränktes Eigentum sei, an welchem dritten Personen keine Rechte zustünden.

Das Wertpapier ist frei von Vinkulierungen. Es wurde dem Erschienenen zurückgegeben; er bestätigt den Empfang.

Der Erschienene trägt die Kosten dieser Urkunde und ersucht um Aushändigung des Protokolles in Urschrift.

Vorgelesen vom Notar, vom Erschienenen genehmigt und eigenhändig unterschrieben.

79. Antrag auf Verwahrung einer Urkunde.

Heute am . . . . erschien vor mir Karl Winkler, K. Notar zu München, an der Amtsstelle des K. Notariats München III

Herr Gabriel Deiglmayr, Hafnermeister in Dingolfing, mir, dem Notar, persönlich bekannt.

Er ersuchte mich den Ehe- und Erbvertrag in amtliche Verwahrung zu nehmen, welchen er mit seiner früheren Braut und nunmehrigen Ehefrau Aloisia Deiglmayr am 19. Juli 1879 vor dem Bürgermeister Anton Zinsmeister in Hattenkofen abgeschlossen hat. Zu diesem Zwecke übergab mir, dem Notar, Herr Gabriel Deiglmayr die Urschrift des bezeichneten, mit dem Siegel der Gemeinde Hattenkofen versehenen Vertrages vom 19. Juli 1879. Ich nahm ihn entgegen und fügte ihn diesem Protokolle bei, um sodann beides in die Urkundensammlung aufzunehmen.[1])

Vorgelesen vom Notar, vom Erschienenen genehmigt und eigenhändig unterschrieben.

80. Vollmacht.

(Zum Verkauf von Grundstücken.)

Wir Endesunterzeichnete bevollmächtigen hiermit den Herrn August Schnorr, Gutspächter in Ismaning, unsere in der Steuergemeinde Ismaning, K. Amtsgerichts München gelegenen Grundstücke

Pl.-Nr. 573 Acker zu 0,071 ha,
Pl.-Nr. 489 Acker zu 1,231 ha,
Pl.-Nr. 821 Wiese zu 2,345 ha,

ganz oder zum Teile für uns zu verkaufen oder zu vertauschen, die dafür eingetauschten Liegenschaften wieder weiter

[1]) Vgl. hierzu § 273 NotGeschOrdg.

zu veräußern, zu diesem Zwecke uns vor Gerichten und Behörden sowie auch Privatpersonen gegenüber zu vertreten, die Verträge unter beliebigen Bedingungen abzuschließen und notariell beurkunden zu lassen, die Kaufsschillinge und Tauschaufgaben mit oder ohne hypothekarische Sicherheit zu stunden, Forderungen zu übertragen, Hypotheken und sonstige dingliche Rechte zu bestellen und zur Löschung zu bewilligen, Geld, Wertpapiere und sonstige Gegenstände in Empfang zu nehmen und darüber Quittung zu leisten, Verzichte zu erklären, die Besitzeinweisung vorzunehmen, die Auflassung zu erklären und entgegenzunehmen, überhaupt alle erforderlichen und zulässigen Erklärungen abzugeben und Anträge zu stellen und für uns alles zu tun, was zur Veräußerung dieser Grundstücke notwendig erscheint.

(Datum, Unterschriftsbeglaubigung.)

81. Vollmacht.

(Zur Verwaltung eines Grundstücks.)

Ich erteile hiemit dem Herrn Otto Landauer, Kaufmann in Nürnberg, Vollmacht, mein Anwesen Haus-Nr. 67 an der Nordendstraße in München — Pl.-Nr. 4871 der Steuergemeinde München Amtsgerichts München — zu verwalten und mich zu diesem Zwecke in meiner Eigenschaft als Grundstückseigentümer den Mietern und sonstigen Personen gegenüber in jeder Weise, insbesondere auch bei etwaigen Mietsstreitigkeiten vor Gerichten und Behörden zu vertreten und meine Rechte vor Verwaltungs- und Steuerbehörden wahrzunehmen. Der Bevollmächtigte soll insbesondere ermächtigt sein, für mich Miet- und Pachtverträge zu schließen und Mietverhältnisse zu kündigen, die Mietzinsen einzuziehen, das dem Vermieter zustehende Pfandrecht geltend zu machen, kurz alles zu tun, was die ordnungsmäßige Verwaltung eines Hausgrundstückes erfordert.

München, den . . .

(Unterschriftsbeglaubigung.)

Sachregister.

(Die Zahlen bedeuten die Seiten.)

Sammlung von das Notariat im Königreich Bayern betreffenden Gesetzen, Verordnungen und Ministerialbekanntmachungen. (Nach dem Stande vom 1. April 1901.) Text-Ausgabe mit ausführlichem Sachregister. 8°. (VI, 294 S.) 1901. kart. Mk. 3.50

Baligand, Dr. Alb. v.,

Der Ehevertrag. Von der rechts- und staatsw. Fakultät der Univ. Würzburg gekrönte Preisschrift. gr. 8°. (VIII, 153 S.) 1906. Mk. 4.50

Sauer, Karl, Landgerichtsrat in Würzburg.

Das deutsche Eheschliessungs- und Ehescheidungsrecht unter Berücksichtigung der Haager internat. Privatrechtsabkommen vom 12. Juni 1902. gr. 8°. (XI, 778 S.) 1909. In Ganzl. geb. Mk. 16.—

— — **Testamente und Erbverträge** in Bayern nebst einer kurzen Darstellung des gesetzlichen Erbrechtes, des Pflichtteilsrechtes und Nachlaßverfahrens, sowie einem Anhang enthaltend Muster für Testamente und Erbverträge. gr. 8°. (XII, 447 S.) 1903. In Ganzl. geb. Mk. 9.80

Huber, H., landg. Obersekretär,

Alphabetisches Haupt-Sachregister zum Justizministerialblatt für das Königreich Bayern. Jahrg. 1863—1895 einschl. 2. Aufl. gr. 8°. (IV, 109 S.) 1896. Mk. 3.—; kart. Mk. 3.50

— — Desgl. Jahrg. 1896—1901 einschl. gr. 8°. (81 S.) 1902. Mk. 2.50; kart. Mk. 3.—

Leichtenstern, Hans, Amtsgerichtssekretär in Mitterfels,

Alphabetisches Haupt-Sachregister zum Justizministerialblatt für das Königreich Bayern. Jahrg. 1902—1909 einschl. 8°. (33 S.) 1910. Brosch. Mk. 1.20, kart. Mk. 1.70

Pfordten, Th. von der, Landgerichtsrat im Bay. Justizministerium,

Der dienstl. Verkehr u. die Amtssprache auf der Grundlage der Bek. des Zivilstaatsminist. vom 28. IV. 1901 unter bes. Berücks. des Dienstes bei den Justizbehörden. 2. verb. Aufl. 8°. (IV, 100 S.) 1908. kart. Mk. 1.80

J. Schweitzer Verlag (Arthur Sellier) München u. Berlin.

Schad, Dr. Karl, Notar in München,

Kommentar zum Gesetz das Nachlasswesen betreffend vom 9. August 1902. Nebst den §§ 86—99 des Reichsges. über die Angelegenheiten der freiw. Gerichtsbarkeit vom 17. Mai 1898. gr. 8°. (VI, 364 S.) 1904. In Ganzl. geb. Mk. 6.—

Gutmann, Dr. Alfr., Notariatspraktikant,

Die Inventarerrichtung nach den §§ 1993 ff. des BGB. Ein Rechtsbehelf bei zweifelhafter Nachlaßsolvenz. 2. neubearb. Aufl. gr. 8°. (VIII, 100 S.) 1910. kart. Mk. 2.—

Pfordten, Th. von der, Landgerichtsrat im Bay. Justizministerium,

Die Behandlung des Nachlasses von Ausländern. Mit besonderer Rücksicht auf die bayer. Verhältnisse. 8°. (VII, 56 S.) 1904. Mk. 1.20

Adelmann, Dr. Karl, Staatsanwalt in München,

Die Kraftloserklärung abhanden gekommener oder vernichteter Urkunden im Aufgebotsverfahren nach Reichsrecht und bayer. Landesrecht. gr. 8°. (XI, 132 S., 2 Tab.) 1904. In Ganzl. geb. Mk. 3.50.

Jaeger, Dr. Ernst, Geh. Hofrat, Univ.-Professor in Leipzig,

Reichszivilgesetze. Eine Sammlung der wichtigsten Reichsgesetze über bürgerliches Recht und über Rechtspflege. Für den Gebrauch auf der Hochschule und in der Praxis. 3. Aufl. ca. 80 Bog. Geb. ca. Mk. 9.—

Ausgabe für Bayern (mit einschläg. bayerischen Landesgesetzen) herausgeg. von Staatsanwalt **J. Schiedermair.** ca. 100 Bog. Geb. ca. Mk. 11.—

= **Erscheint im November 1910.** =

Staudinger, Dr. J. von,

Kommentar zum Bürgerlichen Gesetzbuch und dem Einführungsgesetze. 5./6. umg. Aufl. Erläutert von Dr. Loewenfeld, Dr. Riezler, Dr. Engelmann, Dr. Kober, Dr. Herzfelder, Dr. **Kuhlenbeck.** Lex. 8°. Geb. in 8 Bänden ca. 430 Bogen. ca. Mk. 180.—

= **Staudinger ist der Kommentar des Praktikers.** =

J. Schweitzer Verlag (Arthur Sellier) München u. Berlin.

Meikel, G., Landgerichtsrat in München,

Kommentar zur Grundbuchordnung für das Deutsche Reich mit besonderer Berücksichtigung Bayerns. gr. 8°. (VIII, 505 S.) 1908. In Ganzl. geb. Mk. 12.50

Schwab, Siegfr., Amtsrichter in Schwabach,

Grundriss des materiellen Liegenschaftsrechts des BGB. unter Berücks. der bayer. Ausführungs- und Uebergangsvorschriften. gr. 8°. (VIII, 80 S.) 1905. Mk. 2.80

Steiner, A., II. Staatsanwalt in Nürnberg,

Gesetz über die Zwangsversteigerung und Zwangsverwaltung vom 24. März 1897 mit besonderer Berücksichtigung der bayer. Ausführungsbestimmungen und unter Anfügung von Beispielen. gr. 8°. 2. verm. und neubearb. Aufl. (VIII, 546 S.) 1909. In Ganzl. geb. 11.80

Dispeker, Dr. S., Rechtsanwalt in München,

Die Praxis der Zwangsversteigerung und der Zwangsverwaltung. Ein Handbuch des Verfahrens bei der Zwangsversteigerung und der Zwangsverwaltung nach dem Reichsges. vom 24. III. 1897. gr. 8°. (VI, 110 S.) 1905. In Ganzl. geb. Mk. 3.60

Maenner, Karl, Reichsgerichtsrat,

Das Sachenrecht nach dem Bürgerlichen Gesetzbuche und der Grundbuchordnung für das Deutsche Reich. 2. neubearbeitete Auflage des „Rechts der Grundstücke". gr. 8°. (XII, 547 S.) 1906. Eleg. in Ganzl. geb. Mk. 14.—

Schanz, Dr. H., Amtsrichter in München,

Die Zwangshypothek. Forschungen zu ihrer Geschichte und Theorie. I. Heft. Die gerichtliche Hypothek des französischen Rechts in ihrer geschichtlichen Entwicklung und Verbreitung. gr. 8°. (XII, 228 S.) 1910. Mk. 6.50

Schmitt, Gottfried, Reichsgerichtsrat,

Bayerische Justizgesetze. Sammlung der in den Jahren 1818 bis 1904 erlassenen Landesgesetze für die Rechtspflege nach dem Stande am Ende des Jahres 1904. gr. 8°. (VIII, 1464 S.) 1904. Geb. in Halbfr. Mk. 18.—

J. Schweitzer Verlag (Arthur Sellier) München u. Berlin.

Schweitzers (blaue) Textausgaben.

Automobilgesetz mit den Vollzugsvorschriften des Bundesrats, von Preußen u. Bayern sowie d. internat. Abkommen. 248 S. Geb. Mk. 3.—

Bauforderungsgesetz von **Dr. Herb. Jacobi.** 178 S. Geb. Mk. 2.40

Branntweinsteuergesetz von **Dr. R.** u. **Dr. L. Wassermann.** (In Vorbereitung.)

Genossenschaftsgesetz vom 1. Mai 1889. In der Fassung vom 10. Mai 1897. Von **Fr. Bonschab,** Direktor der Bayer. Landwirtschaftsbank. 2. umgearb. Auflage. 314 S. Geb. 3.—

Gerichtsverfassung. (GVG. mit EG. zum GVG. und einem Anhang über die KonsGbk.) mit Anmerkungen von Privatdozent Amtsrichter **Dr. Doerr.** 129 S. Geb. Mk. 1.80

Gewerbeordnung mit den Ausführungsbestimmungen für das Reich, Preußen und Bayern nach dem Stande vom 1. Oktober 1910. Mit Erl. von Bez.-Amts-Assessor **Dr. Steinbach.** ca. 850 S. Geb. ca. Mk. 4.—

Grundentlastungsgesetz, Bayer. Mit Erl. und Vollzugsvorschriften von Rentamtmann **L. Yblagger.** 2. neub. Aufl. Geb. ca. Mk. 2.—

Güterzertrümmerungsgesetz mit sämtl. Vollzugsvorschriften. Mit Erl. von Oberreg.-Rat im Bayer. Staatsministerium des Innern **Fr. Edler von Braun.** (ca. 10 Bog.) Geb. Mk. 2.—

Kolonialbeamtengesetz. Mit Erl. von Priv.-Dozent Amtsrichter **Dr. Doerr.** 130 S. Geb. Mk. 2.60

Malzaufschlaggesetz, Bayerisches, vom 18. März 1910. Mit im Text eingeschalteten Vollzugsvorschriften und alphab. Register. 245 S. Geb. Mk. 2.—

Telegraphenwegegesetz. Mit Erl. von Oberpostassessor im Verkehrsministerium **Hotz.** Geb. ca. Mk. 2.—

Vogelschutzgesetz. Mit den einschlägigen Gesetzen, Verordnungen und polizeilichen Bestimmungen. Von **Dr. R. Heindl,** München. 46 S. Geb. Mk. 1.—

Weingesetz. Mit den Ausführungsbestimmungen und der Weinzollordnung. Von **O. Zoeller,** Staatsanwalt in Landau (Pfalz). 269 S. Geb. Mk. 3.—

Zivilprozessordnung. In der Fassung der Novelle vom 1. Juni 1909 mit 16 Nebengesetzen. Mit Verweisungen und Sachregister. ca. 500 S. 2. verm. Aufl. Geb. Mk. 2.—

Zwangsenteignungsgesetz nach der Novelle von 1910. Mit Erl. nach den einschlägigen Vorschriften von Bezirksamts-Assessor im Bayer. Staatsministerium des Innern **Dr. Laforet.** ca. 10 Bogen Geb. ca. Mk. 2.—

Schweitzers (blaue) Textausgaben (Taschenformat, starker blauleinener Gebrauchseinband) zeichnen sich aus durch praktische Brauchbarkeit, unbedingte Zuverlässigkeit, handliches Format und vorzügliche Ausstattung in Papier, Druck und Einbänden. Es erscheinen nur Ausgaben, die dauernden Wert haben.

J. Schweitzer Verlag (Arthur Sellier) München u. Berlin.

Druck: Dr. F. P. Datterer & Cie., Freising u. München.

Kaisenberg, Heinr., Notar und Justizrat in München, nach dessen Tode **Dennler, Dr.**, Notar in München,

Kommentar zum bayerischen Notariatsgesetze vom 9. Juni 1899. gr. 8°. (VIII, 493 S.) 1907. Mk. 10.50.
In Ganzl. geb. Mk. 13.—

— — **Die Notariatsgebührenordnung** für das Königreich Bayern, mit den einschlägigen Bestimmungen des Gebührengesetzes in der Fassung vom 11. November 1899, und einer tabellarischen Berechnung der bei Notariatsgeschäften anfallenden Staats-, Gemeinde- und Notariatsgebühren. gr. 8°. (XII, 239 S.) 1900. Mk. 10.—; geb. Mk. 12.—

— — **Tabellen der bei Notariatsgeschäften anfallenden Staats-, Gemeinde- und Notariatsgebühren.** 2. durch eine große Wandtab. verm. Ausg. gr. 8°. (IV, 239 S.) 1907. In Ganzl. geb. Mk. 7.—

— — **Gesetz, das Unschädlichkeitszeugnis betr.,** vom 15. Juni 1898. Handausgabe mit einleit. Text, Bemerkungen, Sachregister und Beispielen. 8°. (X, 146 S.) 1899. In Ganzl. geb. Mk. 3.—

Keidel, Fr., Landgerichtsrat in München,

Gesetz über die Angelegenheiten der freiwilligen Gerichtsbarkeit vom 17. Mai 1898 mit besond. Berücksicht. der bayer. Ausführungsvorschr. 2. vollständig umgearb. Aufl. gr. 8°. (VIII, 436 S) 1907. In Ganzl. geb. Mk. 9.60

Ergänzt durch die Novellen vom 1. Juni 1909 und 22. Mai 1910.

— — **Handbuch des Verfahrens der Gerichte in Angelegenheiten der freiwilligen Gerichtsbarkeit für Bayern** ausschließlich der Registersachen, der Fideikommißangelegenheiten und der standesh. Vormundschaftssachen. gr. 8°. (XII, 403 S.) 1903. In Ganzl. geb. Mk. 7.20

Zeitschrift für Rechtspflege in Bayern. Herausgegeben von Theodor v. d. Pfordten, Landgerichtsrat in München. Monatlich 2 Nummern in Quartformat. Abonnementspreis vierteljährlich Mk. 3.—. Der praktische Sammelkasten (zum Aufheben der einzelnen Nummern) kostet nur Mk. 2.50

Jahrg. I—V geb. Mk. 30.—; I, II, III, IV geb. einzeln à Mk. 5 —
Jahrg. V geb. Mk. 14 —

J. Schweitzer Verlag (Arthur Sellier) München u. Berlin.

FSC
www.fsc.org
MIX
Papier | Fördert
gute Waldnutzung
FSC® C083411

Kolibri 360 GmbH
Ferdinand-Jühlke-Straße 7
99095 Erfurt, Deutschland
produktsicherheit@kolibri360.de